J.B. METZLER

Illustrierte Geschichte der Antike

Holger Sonnabend

J.B. Metzler Verlag

Seite 2: Auf dem Forum Romanum im Herzen Roms ist die Antike heute noch gegenwärtig.

EINFÜHRUNG

Im klassischen Kanon der historischen Epochen steht die Antike ganz am Anfang, gefolgt vom Mittelalter und der Neuzeit. Insofern haftet ihr automatisch das Etikett »alt« an. So hat man es sich auch angewöhnt, von den »alten« Griechen und den »alten« Römern zu sprechen. In diesen Begriffen spiegelt sich, neben einer gewissen Bewunderung, eine Haltung wider, die von Distanz und Fremdheit geprägt ist. »Alt« sind Griechen und Römer aber nur aus der heutigen Perspektive. In ihrer Zeit selbst waren sie höchst lebendige, nicht in einer fernen Vergangenheit, sondern in ihrer Gegenwart wirkende Menschen. Sie bildeten eine Welt, in der, wie es der bedeutende Altertumsforscher Theodor Mommsen (1817–1903) mit Blick auf die römische Geschichte formuliert hat, »gehasst und geliebt, gesägt und gehämmert, phantasiert und geschwindelt« wurde.

Am Anfang der Geschichte zu stehen, hat viele Vorteile. So wird die Antike gerne – und auch überwiegend zu Recht – als Wiege der europäischen Kultur bezeichnet. Wer sich nicht nur mit einer europäischen Perspektive begnügen will, wird erkennen, dass die Antike darüber hinaus auch in Teilen die Wiege der asiatischen Kultur und auch der nordafrikanischen Kultur gewesen ist. Diese breite Wirkung kam daher, dass es in der Antike immer wieder Mächte und Zivilisationen gegeben hat, die eine immense politische, militärische und kulturelle Reichweite entwickelten, wie die Römer oder zuvor die aus den Eroberungen Alexanders des Großen erwachsenen hellenistischen Reiche. In der Phase seiner weitesten Ausdehnung waren die Eckpfeiler des Römischen Reiches Syrien im Osten, Nordafrika im Süden, Spanien im Westen und die Britischen Inseln im Norden. Alexander der Große ist bis heute präsent geblieben in der kollektiven Erinnerung der Völker zwischen Mittelmeer und dem Indus.

Weil die Antike, sieht man von den prähistorischen Kulturen ab, am Anfang der Geschichte steht, hatten die Menschen dieser Epoche die einmalige und intensiv genutzte Chance, sich als gestaltende und innovative Kräfte zu betätigen. Die Antike ist aus diesem Grund ein herausragendes Studienobjekt für Fragen und Themen der unterschiedlichsten Art: Wie entstanden Staaten und andere politische Gemeinschaften? Wie konnte man große Reiche regieren? Wie bildeten sich wirtschaftliche Abläufe heraus? Warum betete man bestimmte Götter an? Auf welche Weise hielt die Technik Einzug in den Alltag der Menschen?

Um diese und andere Fragen zu beantworten, haben die Historiker, die sich mit der Antike befassen, ein reichhaltiges Instrumentarium an Methoden entwickelt. Die Rekonstruktion der antiken Geschichte ist eine manchmal langwierige, aber immer spannende und häufig ertragreiche Detektivarbeit. Literarische Texte aus der Antike helfen dabei genauso wie Inschriften, Münzen, archäologische Quellen und neuerdings auch naturwissenschaftliche Verfahren. Wichtig ist eine kritische Grundhaltung: Will man die Vergangenheit korrekt beschreiben, darf man nicht dem erstbesten Zeugnis trauen, sondern muss mit aller Akribie und Objektivität versuchen, die geschichtliche Wahrheit zu entdecken. Dies hatte bereits der griechische Historiker Thukydides im 5. Jahrhundert v. Chr. erkannt und damit einen der vielen Beweise dafür erbracht, dass die Antike über ein schier unerschöpfliches intellektuelles und kulturelles Potenzial verfügte.

Ist die Antike zu alt und liegt sie zu weit zurück, um uns heute noch etwas zu sagen? Wer diese Meinung vertritt, übersieht die Modernität und Aktualität der »Alten« Geschichte. Immer wieder gab es bei den Griechen und den Römern genauso wie bei den alten Ägyptern und den Völkern des Alten Orients Situationen und Konstellationen, die an heutige Probleme erinnern. In der hellenistischen Zeit, als durch die Eroberungen Alexanders vertraute Ordnungsmuster verschwanden und viele Menschen sich in der globalisierten Welt isoliert und verlassen fühlten, hatten philosophische Lehren Hochkonjunktur, die danach fragten, wie der Mensch glücklich werden könne. Das Römische Reich bot zu allen Zeiten den historischen Modellfall für Aufstieg und Fall großer Mächte. Etliches von dem, was uns aus unserem heutigen Alltag vertraut ist, hat seine Wurzeln in der Antike. Das gilt etwa für die Olympischen Spiele, die von den Griechen seit dem 8. Jahrhundert v. Chr. veranstaltet wurden, die Demokratie, die im 6. und 5. Jahrhundert v. Chr. von den Athenern erfunden wurde, das Christentum, das aus der Antike hervorging, oder für den heutigen Nahostkonflikt, dessen Anfänge auf die Antike zurückgehen.

Die folgende chronologisch gestaltete Darstellung gibt einen kompakten und anschaulichen Überblick über die wesentlichen Phasen der antiken Geschichte. Neben den wichtigen Daten und Fakten werden auch deren jeweilige Hintergründe und Zusammenhänge aufgezeigt. Insofern präsentiert sich das Buch als eine Kombination von Ereignisgeschichte und Strukturgeschichte. Im Mittelpunkt aber stehen die vielen Menschen, die die Geschichte der Antike gestaltet haben. Dazu gehören Prominente, wie Perikles, Alexander, Caesar oder Augustus. Aber auch heute weniger bekannte Persönlichkeiten haben ihren Anteil daran, dass die Antike so funktionierte, wie sie es tat. Aus diesem Grund hat dieses Buch ganz bewusst auch eine dezidiert biografische Ausrichtung nach der Devise: Menschen, die ihre Zeit prägten, und Zeiten, die ihre Menschen prägten.

Ein Kampf zwischen Griechen und einem persischen Reitersoldaten, dargestellt auf einer griechischen Vase aus dem 5. Jahrhundert v. Chr.

DIE ANTIKE – BEGRIFF, ZEIT UND RAUM

Die Bezeichnung »Antike« ist ein Produkt des Mittelalters und der frühen Neuzeit. Ausgangspunkt für die kanonisch gewordene Periodisierung waren europäische Gelehrte des 15. und 16. Jahrhunderts mit Koryphäen wie dem niederländischen Humanisten Erasmus von Rotterdam (1466–1536) oder seinem deutschen Kollegen Philipp Melanchthon (1497–1560), einem engen Vertrauten Martin Luthers. Sie läuteten das neue Zeitalter der Renaissance ein, einer »Wiedergeburt« der Epoche von Griechen und Römern, im Anschluss an eine als dunkel empfundene Zwischenzeit, das Mittelalter. »Antike« ist eine Wortschöpfung, die sich vom lateinischen Begriff *antiquus* (»alt«) ableitet. Im Gegensatz zu heute hatte der Name damals aber nicht die primäre Assoziation von »verstaubt«, sondern von »altehrwürdig« im Sinne eines ewig gültigen Vermächtnisses.

Diese Vereinnahmung hat der Antike nicht nur gutgetan, war sie doch von nun an mit dem Ruf des Elitären und Abgehobenen versehen. Zudem blieb für breite Kreise der damaligen Zeitgenossen die Antike ein Buch mit sieben Siegeln, weil man nicht die Gelegenheit hatte, antike Kunstwerke zu betrachten und man auch nicht die griechischen und römischen Klassiker, von denen erst nach und nach moderne Übersetzungen angefertigt wurden, im Original lesen konnte.

Bis weit ins 18. Jahrhundert hinein interessierte die gelehrte Welt an der Antike nicht das reale Leben der Menschen. Vielmehr sah man in ihr, unter dem Einfluss des deutschen Archäologen und Antiquars Johann Joachim Winckelmann (1717–1768), eine goldene Ära, die man vor allem wegen ihrer Bauten und ihrer Kunstwerke bewunderte. Die Antike war gleichbedeutend mit hoher Kunst und wer sich für Kunst interessierte, blickte auf die Antike. Erst im 19. Jahrhundert wurde die Haltung kritischer. Archäologen maßen nun den Erfolg ihrer Arbeit nicht mehr an wertvollen Schätzen, die sie ans Tageslicht beförderten, sondern an den

Rückschlüssen, die ihre Grabungen und Funde für die Rekonstruktion antiker Kulturen und Gesellschaften zuließen. Frei von hinderlicher Ehrfurcht machten sich Historiker und Philologen daran, die antiken Texte kritisch zu interpretieren und sie nicht länger als ewig gültige Weisheiten aus einer großen, in Marmor erstarrten Zeit darzustellen.

Keine Einigkeit besteht heute in der Geschichtsforschung über die genaue zeitliche Einordnung der Antike, sowohl was ihren Anfang als auch ihr Ende betrifft. Ein Kriterium der Abgrenzung der Historie von der Prähistorie ist die Entwicklung der Schrift – zum einen, weil die Schrift einen Quantensprung in der menschlichen Kulturgeschichte darstellt, zum anderen, weil erst Schriftzeugnisse die moderne Wissenschaft in die Lage versetzen, genauere Kenntnisse über die betreffenden Gesellschaften zu erwerben. Denn Kulturen, die nur über ihre materielle, archäologische Hinterlassenschaft fassbar sind, lassen mehr Fragen offen, als sie Antworten geben.

Johann Joachim Winckelmann, Ölgemälde von Anton Raphael Mengs, um 1755

Um 3000 v. Chr. entstanden fast zeitgleich in Ägypten die Hieroglyphenschrift und in Mesopotamien, dem heutigen Irak, die Keilschrift. Jedoch nimmt man diese Vorgänge heute nicht mehr zum Anlass, um die Antike generell mit dem Jahr 3000 v. Chr. beginnen zu lassen. Denn in allen anderen Regionen der antiken Welt gibt es für diese Zeit noch keine Spuren schriftlicher Zeugnisse. Vor allem aber hat sich die Altertumswissenschaft im Verlauf des 19. und 20. Jahrhunderts von einer universalen Betrachtungsweise verabschiedet. Im Zuge einer zunehmenden Spezialisierung der Wissenschaften gehört das alte Ägypten in den Zuständigkeitsbereich der Ägyptologie, während sich um das alte Mesopotamien Orientalisten oder Assyriologen kümmern. Gleiches gilt für die frühen Hochkulturen Anatoliens, wo sich etwa die Hethitologen mit dem Erbe der Hethiter befassen.

Johann Joachim Winckelmann (1717–1768)

Archäologe und Kunsthistoriker

Winckelmann war der einflussreichste Antikengelehrte seiner Zeit. Er gilt als der Begründer der Klassischen Archäologie und der modernen Kunstgeschichte. 1764 veröffentlichte er sein wichtigstes Werk *Geschichte der Kunst des Altertums*. Er propagierte die Vorbildhaftigkeit der antiken Kunstwerke und pries ihre Schönheit. Diese Einstellung fasste er in der viel zitierten Formel »edle Einfalt und stille Größe« zusammen. Wickelmann prägte wesentlich die deutsche Klassik des 18. und 19. Jahrhunderts. Tragisch war sein Tod: Er wurde das Opfer eines Raubmordes, dessen Hintergründe nie ganz geklärt wurden.

Im engeren Sinne ist die Geschichte der Antike die Geschichte der Griechen und Römer. Um 2000 v. Chr. entwickelte sich auf der Insel Kreta die erste europäische Hochkultur. Nach dem legendären König Minos wird sie als die »minoische« Kultur bezeichnet. Die Kreter verfügten über eine Schrift, die in der Wissenschaft Linear A genannt wird. Linear B, die zum großen Teil entziffert ist, war die Schrift der Mykener, einer von der Peloponnes stammenden kriegerischen Zivilisation, die nach dem Untergang der Minoer eine führende Rolle spielte. Die Mykener waren, im Gegensatz zu den Kretern, Griechen, jedenfalls in dem Sinne, dass die Linear-B-Schrift auf der griechischen Sprache basierte. Nach der Ära der Mykener ging die Kenntnis der Schrift bei den Griechen wieder verloren. Im 9. Jahrhundert v. Chr. setzte eine zweite, nun dauerhafte Zeit der Schriftlichkeit ein. Von den Phöniziern, dem reichen Handelsvolk von den Küsten des heutigen Libanon, übernahmen die Griechen die Buchstabenschrift, die sie durch Vokale ergänzten. In Bezug auf die Schrift hat die Antike also zwei Anfangspunkte: einmal zu Beginn des 2. Jahrtausends v. Chr. mit Linear A, sodann um 800 v. Chr. mit der griechischen Buchstabenschrift.

Die Römer hatten gegenüber den Griechen, wie in so vielen anderen Bereichen der Kultur, auch bei der Entwicklung der Schrift das Nachsehen. Die lateinische Sprache entstand an der Wende vom 7. zum 6. Jahrhundert v. Chr., wobei die Etrusker, die erste Hochkultur in Italien, eine wichtige Rolle bei der Entwicklung des lateinischen Alphabets spielten, das sich an das griechische anlehnte.

In Bezug auf die Frage, wann die Antike aufhört, ist die historische Forschung bis heute zu keinem Konsens gelangt. Das liegt auch daran, dass an der Diskussion nicht nur Althistoriker, sondern auch Mediävisten beteiligt sind. Sieht man sich in einschlägigen Publikationen um, so werden in althistorischen Darstellungen Phasen und Ereignisse noch der Antike zugerechnet, die in Büchern über die Geschichte des Mittelalters bereits für diese reklamiert werden.

Früher sprach man gerne davon, dass der »Untergang« des Römischen Reiches, hervorgerufen durch die große germanische »Völkerwanderung«, das Ende der Antike markiert habe. Beide Begriffe wie auch ihre Verknüpfung werden inzwischen differenzierter gesehen. 476 n. Chr. endete die Herrschaft des letzten römischen,

Eine von mehreren Hundert Tontafeln mit Linear-B-Schrift, die der amerikanische Archäologe Carl Blegen in den 1950er-Jahren bei Grabungen in Pylos fand.

genauer: weströmischen Kaisers. Romulus Augustulus, so sein Name, wurde von einem Heerführer germanischer Herkunft namens Odoaker abgesetzt. Danach gab es im Westen bis zu Karl dem Großen keinen Kaiser mehr. Doch war die »Völkerwanderung« nicht jene unaufhaltsam vorwärts rollende Maschinerie, als die man sie gerne dargestellt hat. Es handelte sich vielmehr um ein komplexes Gefüge von Migrationsbewegungen, die für sich genommen nicht ausreichten, den strukturell stabilen Koloss Imperium Romanum ins Wanken zu bringen. Hinzu kamen zu einem guten Teil hausgemachte politische und wirtschaftliche Krisen, die dazu führten, dass das römische Kaisertum im Westen keine Zukunft mehr hatte. Statt von einem »Untergang« des Römischen Reiches spricht man heute lieber von einem Prozess der »Transformation«. Die Antike war mit der Absetzung des Romulus Augustulus nicht mit einem Schlag zu Ende.

Das Ende der Antike und den Beginn des Mittelalters bringt man heute also nicht mehr mit punktuellen Ereignissen in Verbindung, sondern geht eher von einem fließenden Übergang aus. Zwar haben auch weitere Daten, die für den Abschluss der Antike in die Debatte geworfen werden, den Charakter von Zäsuren, etwa der Sieg Konstantins des Großen in der Schlacht an der Milvischen Brücke 312 als Meilenstein bei der Hinwendung des römischen Staates zum Christentum oder die Teilung des Römischen Reiches 395 in ein Westreich und ein Ostreich. Doch handelt es sich dabei nicht um epochale Vorgänge in dem Sinne, dass sich gleichzeitig auch tradierte politische und gesellschaftliche Strukturen mit einem Male verändert hätten.

Die Antike lebte auch im Mittelalter und in der Neuzeit weiter. Während sich im Westen auf dem Boden des ehemaligen Weströmischen Reiches germanische Nachfolgestaaten etablierten, setzte sich im Oströmischen Reich von Byzanz die antike Staatlichkeit kontinuierlich fort – faktisch bis 1453, als die türkischen Osmanen mit der Eroberung von Konstantinopel an die Macht kamen. Als Idee verschwand aber auch im Westen die Antike zu keinem Zeitpunkt, wie das Kaisertum Karls des Großen oder die im Mittelalter erfolgte Einrichtung des Heiligen Römischen Reiches (später mit dem Zusatz »Deutscher Nation« versehen) beweisen.

Johann Gustav Droysen (1808–1884)

Historiker

Droysen war, wie viele Historiker des 19. Jahrhunderts, auch politisch aktiv: 1848 gehörte er zu den Parlamentariern in der Frankfurter Paulskirche. Maßstäbe setzte er mit seiner *Geschichte Alexanders des Großen* und der *Geschichte des Hellenismus*, mit der er diese Phase der griechischen Geschichte aus dem Schatten der Klassik befreite. Auch in methodischer Hinsicht öffnete er der Geschichtsforschung neue Wege. Sein *Grundriss der Historik* ist auch heute nicht überholt und Pflichtlektüre für alle, die sich wissenschaftlich mit Geschichte befassen. Gemeinsam mit Barthold Georg Niebuhr (1776–1831) war Droysen der Protagonist der modernen Quellenkritik.

AUSSER-EUROPÄISCHE HOCHKULTUREN

Die Büste der Nofretete fasziniert noch heute die Besucher im Nord-kuppelsaal des Neuen Museums in Berlin.

Viele Jahrhunderte bevor Griechen und Römer die Bühne der Geschichte betraten, entfalteten sich in Ägypten und in Mesopotamien bedeutende Hochkulturen. Auch Anatolien entwickelte sich zu einem politischen und kulturellen Machtfaktor, lange bevor die Europäer zivilisatorisch in vergleichbarer Weise nachzogen. Im Iran bewiesen die Perser, dass man auch mit den organisatorischen und kommunikativen Möglichkeiten der Antike ein dauerhaftes, stabiles Imperium schaffen konnte, das sich über weite Teile Asiens erstreckte.

Das alte Ägypten

Ägypten profitierte bei seinem Aufstieg von den geografischen Gegebenheiten. Zum einen war das Land durch Wüsten nach außen hin abgeschirmt, was Angriffe nahezu unmöglich machte. Zum anderen fungierte der Nil als Lebensquelle – ein Umstand, der den späteren griechischen Geschichtsschreiber Herodot zu der Feststellung veranlasste: »Ägypten ist ein Geschenk des Nils.«

Alljährlich trat der Nil zur gleichen Zeit über seine Ufer. Auf Grundlage dieser Be-obachtung entwickelten die Ägypter einen Kalender, der über Vermittlung der Rö-mer zur Grundlage der modernen Zeitrechnung wurde. Durch den Bau von Kanälen gelang es den Ägyptern, die jährlichen Überschwemmungen für ihre Zwecke zu nut-zen: Längs des Stroms entstand fruchtbares Land.

Voraussetzung für den Kanalbau war ein hohes Maß an Organisation. Eine Vor-form von Staatlichkeit wurde so begünstigt. Um 3000 v. Chr. erfolgte, neben der Ein-führung der Hieroglyphenschrift, die politische Einigung des Landes, in dem ein Herrscher die Regierung übernahm, der allerdings erst zu einem späteren Zeitpunkt Pharao genannt wurde. Erste Residenz des Königs war die Stadt Memphis an der Spitze des Nildeltas. Die prächtigen Pyramiden, die von den Herrschern der ersten Dynastien bei Gizeh errichtet wurden, zeugen bis heute nicht nur von den Jenseits-vorstellungen der Ägypter und der Funktion, die der König in diesen hatte, sondern auch von dem Bestreben der Erbauer, sich selbst repräsentative Denkmäler zu setzen und damit ihre Herrschaft zu stärken. Aufgabe der Priester war es, über die unzähli-gen Götter sowie deren Tempel und Kultstätten zu wachen.

Nofretete
(um 1350 v. Chr.)

Königsgemahlin

Die Frau des Pharaos Echnaton ist das bekannteste Gesicht des alten Ägypten, seitdem ihre Büste 1912 bei Ausgrabungen in Amarna entdeckt wurde. Heute befindet sich die Darstellung der Frau, deren ägyptischer Name »Die Schöne ist gekommen« bedeutet, als Attraktion im Ägyp-tischen Museum in Berlin. Weniger bekannt sind ihr Leben und die Rolle, die sie an der Seite von Echnaton spielte. Offenbar hatte sie einigen politischen Einfluss und war zeitweilig sogar Mitregentin. Nach dem Tod Echnatons wurden alle Statuen des Herrscherpaares zerstört, nur die Büste blieb unversehrt. Sie überlebte in der Werkstatt des Bildhauers, wo sie als Modell für Porträts der Königin gedient hatte.

Traditionell wird die Geschichte Ägyptens von der Forschung in drei große Phasen eingeteilt, die von sogenannten Zwischenzeiten getrennt werden.

Die Zeit von etwa 2700 bis 2200 v. Chr. wird im Rückblick als das Alte Reich bezeichnet. Unter der Führung starker Pharaonen, die eine Heerschar von Beamten dirigierten, erlebte das Land am Nil eine lange Phase der Stabilität und des wirtschaftlichen Aufschwungs. Die Ägypter trieben Handel bis weit in die Ägäis hinein. Zu den bevorzugten kommerziellen Partnern gehörte die Insel Kreta, die nicht zuletzt wegen der Impulse, die sie aus dem Land des Nils empfing, zur ersten Hochkultur Europas wurde.

Das Alte Reich endete mit einer Phase politischer Konfusion, in der mehrere Herrscher um die Macht stritten. Um 2010 v. Chr. festigten sich die Verhältnisse wieder. Die nun folgende Zeit bezeichnet man als Mittleres Reich. In dieser Epoche, die etwa bis 1600 v. Chr. andauerte, blühte das Land politisch, wirtschaftlich und kulturell auf. Theben etablierte sich als weitere Residenz neben dem alten Zentrum Memphis. Das die Mentalität der Ägypter bis dahin bestimmende Gefühl, durch die Wüsten einerseits, Mittelmeer und Rotes Meer andererseits völlig sicher vor Invasionen zu sein, erfuhr eine traumatische Korrektur, als um 1650 v. Chr. die aus Asien stammenden Hyksos ins Land einfielen und für mehr als 100 Jahre die Kontrolle übernahmen.

Der Tempel von Abu Simbel steht seit 1979 auf der UNESCO-Weltkulturerbeliste.

Die Glanzzeit der ägyptischen Geschichte war das Neue Reich, das nach der Vertreibung der Hyksos entstand. Aus dieser Phase, die von etwa 1550 bis 1070 v. Chr. dauerte, stammen die berühmtesten Pharaonen, die wie keine anderen das Bild Ägyptens prägten. Dazu gehörte Hatschepsut, die einzige Frau auf dem ägyptischen Thron. Sie regierte zwischen 1473 und 1458 v. Chr. Ihr Totentempel zählt zu den großen archäologischen Attraktionen des Landes. Ein weiterer prominenter Name aus der Zeit des Neuen Reiches ist Amenhotep, besser bekannt unter der auf das Griechische zurückgehenden Schreibung Amenophis. Es gab mehrere historische Personen dieses Namens, die bekannteste von ihnen ist Amenophis IV., der sich als Pharao Echnaton nannte. Er regierte zwischen 1353 und 1336 v. Chr. In der von ihm gegründeten Hauptstadt Amarna unternahm er den letztlich gescheiterten Versuch, den Gott Aton trotz des im Land herrschenden Polytheismus als einzigen Gott zu installieren. Einer von Echnatons Nachfolgern war Tutanchamun (1332–1322 v. Chr.), der im Leben unbedeutend war, als toter Pharao aber für Furore sorgte, nachdem man 1922 im Tal der Könige sein unversehrtes Grab entdeckt hatte.

Auch nicht fehlen darf in der Aufzählung bedeutender Pharaonen Ramses II. Er war 66 Jahre an der Macht (1279–1213 v. Chr.). Zahlreiche noch heute bekannte Bauprojekte wie der Tempel von Abu Simbel fallen in diese Zeit. Zudem bewies er großes Geschick darin, sich als erfolgreicher Feldherr darzustellen. 1274 fand bei Kadesch in Syrien eine Schlacht gegen die Hethiter statt. Aus Sicht der Ägypter konnte man den Ausgang der Kämpfe bestenfalls als unentschieden bezeichnen. Jedoch nutzte Ramses jede Gelegenheit, um sich in Wort und Bild als der große Sieger von Kadesch zu präsentieren. Später wurde zwischen den Ägyptern und den Hethitern ein Abkommen geschlossen, das als erster internationaler Friedensvertrag in die Geschichte eingegangen ist.

Das Ende des Neuen Reiches war der Beginn eines schleichenden Niedergangs Ägyptens. Innere Probleme und zunehmende Bedrohungen von außen addierten sich. Zu Beginn des 10. Jahrhunderts v. Chr. übernahmen Fürsten aus dem benachbarten Libyen die Herrschaft. Im Süden etablierten sich nubische Herrscher. Später geriet das Land in Konflikt mit dem aus Mesopotamien stammenden Kriegervolk der Assyrer, welches begann, sein Herrschaftsgebiet auszuweiten. Die Serie der Fremdherrschaften wurde mit den Babyloniern, den Persern, den Makedonen, den Römern, den Byzantinern, den Arabern und später den europäischen Kolonialmächten fortgesetzt.

Bis heute zehrt Ägypten von seinem Mythos. Geschaffen wurde dieser aber nicht von den alten Ägyptern selbst, sondern von den Griechen, die Ägypten zum Wunder- und Zauberland schlechthin stilisierten. Auch die Römer, die Ägypten 30 v. Chr. eroberten, waren begeistert von der Kultur des Landes am Nil und hatten damit ebenfalls erheblichen Anteil an der bis heute von ihm ausgehenden Faszination.

Sumerer, Assyrer und Babylonier in Mesopotamien

Neben Ägypten ist das Land zwischen Euphrat und Tigris, das die Griechen Mesopotamien (»Land zwischen den Flüssen«) nannten, die zweite Region der antiken Welt, die zu Recht das Prädikat »frühe Hochkultur« trägt.

Wie Ägypten verdankt Mesopotamien seinen Aufstieg der Geografie. Allerdings ist diese ganz anders geartet als im Land des Nils. Mesopotamien ist nicht durch Wüste und Meer nach außen abgeschirmt, sondern ein klassisches Durchgangsland. So konnten im Lauf der Geschichte verschiedene Völker dem Land ihren Stempel aufdrücken. Profitieren konnte es auch von der Lage an großen Handelswegen, die von Osten nach Westen und von Norden nach Süden führten. Außerdem schufen die beiden großen Ströme beste Bedingungen für die Entwicklung der Landwirtschaft und förderten zugleich das Entstehen von Stadtstaaten wie Uruk, Kisch, Lagasch und Umma.

Verschiedenen Dynastien gelang es, sich die Herrschaft über große Teile Mesopotamiens zu sichern: Zu Beginn des 3. Jahrtausends waren es die Sumerer, die sich als führende Kraft durchsetzten. Danach wussten sich die Akkader unter ihrem König Sargon als neue Vormacht zu etablieren. Der bedeutendste Machtfaktor war das Babylonische Reich. Auf Initiative des babylonischen Königs Hammurapi entstand in der zweiten Hälfte des 18. Jahrhunderts v. Chr. mit dem *Codex Hammurapi* eine der frühesten Gesetzessammlungen der Geschichte. Dauerhafte Konkurrenten der Babylonier waren die Assyrer, die von ihren Metropolen Ninive und Assur aus gefürchtete Kriegszüge unternahmen und mit den unterworfenen Völkern aus Gründen der Abschreckung besonders brutal umgingen.

Einen der Höhepunkte in der Geschichte des alten Mesopotamien bildete das Neubabylonische Reich. Unter König Nebukadnezar II. (605–562 v. Chr.) kam es zu umfangreichen Eroberungen, die Hauptstadt Babylon wurde zu einer prächtigen Residenz ausgebaut. Nach seinem Tod begann der Stern der Babylonier rasch zu sinken. Fremde Mächte übernahmen das Regiment, erst die Perser, dann die Makedonen unter Alexander dem Großen. Es blieb die Erinnerung an eine zwar kriegerische, aber dennoch produktive Epoche in dem Gebiet des heutigen Irak.

Anfang des 20. Jahrhunderts entdeckten französische Archäologen in Susa diese steinerne Stele, auf deren Vorder- und Rückseite der *Codex Hammurapi* niedergeschrieben ist.

Nebukadnezar II.

Babylonischer König (605–562 v. Chr.)

Nebukadnezar II. ist aus dem Alten Testament bekannt, wo seine Eroberung von Jerusalem 587 v. Chr. und die anschließende Deportation der jüdischen Oberschicht nach Mesopotamien (Babylonische Gefangenschaft) beschrieben wird. Unter seiner Regie wurde die Hauptstadt Babylon zur prächtigsten Metropole des Orients ausgebaut. Prunkstücke waren das Ischtar-Tor, benannt nach der babylonischen Kriegs- und Liebesgöttin, die monumentale Stadtmauer und die Hängenden Gärten der Semiramis, eines der sieben Weltwunder der Antike.

Die Hethiter

Die Geschichte der neuzeitlichen Entdeckung der Hethiter ist ähnlich spannend wie die Geschichte dieses Volkes selbst, das zwischen 1600 und 1200 v. Chr. weite Teile Anatoliens und des Vorderen Orients beherrschte. Bis zum Jahr 1834 wusste man von den Hethitern nur aus der Bibel, ohne sie weiter verorten zu können. Dann entdeckten französische Archäologen die in der heutigen Türkei gelegene Stadt Hattuscha, die als Residenz und urbaner Mittelpunkt der hethitischen Welt identifiziert werden konnte. Bei den Ausgrabungen kamen Tausende von Keilschrifttafeln zum Vorschein – Verwaltungstexte, Rechtssätze sowie königliche Briefe und Edikte –, die einen genauen Einblick in Politik und Administration der Hethiter vermittelten.

Architekt der hethitischen Macht, die sich auf ihrem Höhepunkt bis nach Syrien und Ägypten ausdehnte, war ein König namens Hattusili I. Für einen Großteil der Eroberungen war einer seiner Nachfolger verantwortlich, der den Namen Suppiluliuma trug. Sein Enkel Muwatalli II. führte den Feldzug gegen Pharao Ramses II., der mit der oben erwähnten Schlacht bei Kadesch endete. Für den Niedergang des hethitischen Reiches nach gut 400-jähriger Existenz waren verschiedene Faktoren verantwortlich. Innere Konflikte und wirtschaftliche Schwierigkeiten spielten eine Rolle, ebenso kriegerische Auseinandersetzungen wie der Vorstoß von Seevölkern – deren Identität bis heute nicht geklärt werden konnte –, die um 1200 v. Chr. die machtpolitischen Verhältnisse in der östlichen Mittelmeerwelt und im Vorderen Orient nachhaltig veränderten.

Das Großreich der Achämeniden in Persien

Das größte Imperium der Antike vor den Römern entstand im 6. Jahrhundert v. Chr. im mittleren Asien. Unter Führung der Achämeniden eroberten die Perser, deren Heimat in der Nähe des Persischen Golfes lag, innerhalb weniger Jahrzehnte ein Herrschaftsgebiet, das sich von Indien bis nach Ägypten erstreckte. Die Perser traten damit in die Tradition der altorientalischen Dynastien, die den Anspruch auf die Weltherrschaft zum Prinzip erhoben hatten, und setzten diesen konsequent in die Tat um.

Die expansive Politik der Perser setzte in der zweiten Hälfte des 6. Jahrhunderts v. Chr. unter König Kyros II. ein, der das konkurrierende iranische Volk der Meder besiegte, danach mit seinen gut ausgebildeten Armeen das prosperierende Reich des Lyderkönigs Kroisos unterwarf und mit dem Einzug in Babylon 539 v. Chr. auch die Vorherrschaft über Mesopotamien gewann. Unter seinem Sohn Kambyses (529–522 v. Chr.) erfolgte die Eroberung Ägyptens. Dareios I. (522–486 v. Chr.) dehnte das von den Achämeniden militärisch und politisch kontrollierte Gebiet weiter in das östliche Asien aus und wagte als Erster den Sprung nach Europa, indem er im Kampf gegen die Skythen bis nach Südrussland vordrang.

Die Perser wussten nicht nur zu erobern, sondern verstanden es auch, das eroberte Gebiet zu sichern. Das unterschied sie von allen anderen imperialen Mächten, die bis dahin im Orient aktiv waren. Es gab eine Reihe von Residenzen, in denen sich der persische »König der Könige«, wie er sich nicht eben bescheiden nennen ließ, bevorzugt aufhielt. Administratives Zentrum war die Stadt Susa, Filialen gab es in Pasargadai, Ekbatana und Babylon.

Das Grabmal von Kyros II. befindet sich noch heute im iranischen Pasargade.

Kyros II.

Persischer König (559–529 v. Chr.)

Die Biografie von Kyros II., einer Schlüsselfigur der frühen persischen Geschichte, verliert sich weitgehend im Dunkel späterer Legendenbildung. Eigentlich hieß der Architekt der persischen Großmacht Kurosch, die Griechen machten daraus Kyros. Er begann seine Karriere als Regionalfürst in der südiranischen Landschaft Persis und starb als Herrscher über ein – nach damaligen Kategorien – Weltreich. Sein schlichtes Grab in Pasargadai wurde zu einer Wallfahrtsstätte. Der griechische Schriftsteller Xenophon (ca. 430–355 v. Chr.) verklärte ihn in seiner im Westen viel gelesenen Schrift *Kyroupaideia (Die Erziehung des Kyros)* als Muster eines gerechten, weisen Herrschers.

Repräsentatives Aushängeschild und Visitenkarte war Persepolis, das mit seinen monumentalen Ruinen auch heute noch Scharen von Besuchern anlockt. Das Riesenreich war in Satrapien eingeteilt. Reichsstraßen verbanden diese Bezirke, die von iranischen Adligen im Dienste des Königs verwaltet wurden. Als wichtigste galt die 2700 Kilometer lange Königsstraße, die von Susa über die lydische Metropole Sardes bis nach Ephesos reichte. Nur sieben Tage brauchten die königlichen Kuriere, um diese Strecke zurückzulegen.

Zu den Erfolgsrezepten der Achämeniden zählten Toleranz und Liberalität gegenüber den Traditionen und Gebräuchen der vielen Völker und Kulturen, die in ihrem Reich vereint waren. Diese Haltung machte sich insbesondere auf dem Gebiet der Religion bemerkbar. Zwar gab es in Ahura Mazda einen obersten und von den Königen bevorzugten Gott. Doch durften die Menschen zwischen Indus und Ägäis in der Regel ihre gewohnten Götter und Kulte behalten.

200 Jahre hatte das erste Weltreich der Geschichte Bestand, dann wurde es von dem makedonischen König Alexander dem Großen in gerade einmal zehn Jahren unterworfen. Nicht nur die außerordentlichen militärischen Fähigkeiten des jungen Feldherrn aus dem Westen waren hierfür ausschlaggebend, sondern die Herrschaft der Achämeniden war bereits zuvor durch interne Querelen und die eigenständige Politik ambitionierter iranischer Adliger erheblich geschwächt worden.

DIE FRÜHZEIT DER GRIECHEN

Auch wenn es die antiken Griechen gerne so sehen wollten: Es hat sie nicht vom Beginn der Geschichte an gegeben, und erst recht nicht als ein homogenes Volk. Vielmehr dauerte es Jahrhunderte, bis sich aus verschiedenen Wanderungsbewegungen jene Kultur herausbildete, die wir heute als die griechische Kultur der Antike bezeichnen. Der Historiker Herodot nannte im 5. Jahrhundert v. Chr. jene Kriterien, die man zu seiner Zeit als wesentlich für die Zugehörigkeit zu den Griechen – oder, wie man auch sagte, Hellenen – ansah:

»... das hellenische Volk, das gleichen Blutes ist und die gleiche Sprache spricht, und die gemeinsamen Bauten für die Götter und die Opfer und die übereinstimmenden Sitten ...«

Legt man diese Merkmale – Verwandtschaft, Sprache und Religion – zugrunde, so waren die Minoer auf Kreta, die man üblicherweise an den Beginn der griechischen Geschichte stellt, im Vergleich zu den späteren Griechen keine Griechen. Die den Minoern nachfolgenden Mykener sprachen zumindest bereits Griechisch. Doch endgültig gemischt wurden die Karten erst in jenen Phasen der Geschichte, die in der Wissenschaft als die Dorische Wanderung und die Dark Ages bezeichnet werden und die den Übergang zur »richtigen« Geschichte der antiken Griechen bilden.

Die Minoer auf Kreta – die erste europäische Hochkultur

Nach Sizilien, Sardinien, Zypern und Korsika ist Kreta die fünftgrößte Insel im Mittelmeer. Von der kulturgeschichtlichen Bedeutung her aber gebührt Kreta der erste Platz. Hier entwickelte sich um 2000 v. Chr. eine Zivilisation, die alles in den Schatten stellte, was Europa zu dieser Zeit ansonsten aufzuweisen hatte. So verleiht man Kreta gerne das Prädikat der »ersten europäischen Hochkultur«, obwohl der Begriff Europa in der Blütezeit Kretas noch völlig unbekannt war.

Die fantasievolle Erzählung von Zeus und Europa entstand erst später. Eine antike Quelle sind etwa die *Metamorphosen* von Ovid: Der Göttervater Zeus begab sich eines Tages wieder einmal auf eines seiner zahlreichen amourösen Abenteuer. Es führte ihn nach Phönizien im heutigen Libanon. Am Strand von Tyros entdeckte er Europa, die Tochter des Königs Agenor. In Liebe zu ihr entbrannt, verwandelte er sich in einen Stier und entführte sie nach Kreta.

Das Mittelmeer, der wichtigste Handelsraum in der Antike, wurde von verschiedenen Völkern durchkreuzt. Hier läuft eine minoische Flotte in einen Hafen ein (Ausschnitt eines minoischen Freskos aus Santorin, 17. Jahrhundert v. Chr.)

Wie jeder Mythos, so spiegelt auch dieser ein Stück historischer Realität wider. Denn er bezieht sich auf den Umstand, dass die frühe Bevölkerung der Insel Kreta aus dem Osten, entweder aus dem Vorderen Orient oder, noch wahrscheinlicher, aus Anatolien eingewandert war und später, als sich die Griechen als Griechen herausgebildet hatten, als frühe Griechen vereinnahmt wurde.

Ein Ergebnis der Verbindung von Zeus und Europa war die Geburt des Minos. Er wurde König, residierte im Palast von Knossos, schickte seine Handelsflotten auf das Mittelmeer hinaus und wirkte als Gesetzgeber. Viele weitere Erzählungen verbanden die Griechen mit Minos. So schrieben sie ihm zwei Brüder zu, Rhadamanthys und Sarpedon, die in den Palästen von Phaistos und Malia residierten. In Minos' eigenem Palast in Knossos hauste in einem Labyrinth der Minotaurus, ein Ungeheuer, halb Stier, halb Mensch. Dessen Wüten bereitete der athenische Held Theseus ein Ende. Dabei half ihm

Daidalos

Mythischer Erfinder

Über Minos, den mythischen König von Knossos, kursierten in der Antike unzählige Geschichten. Sie verdanken ihre Entstehung dem Umstand, dass für die Griechen die Kreter am Anfang ihrer Geschichte standen. Im Umfeld des Minos spielen viele andere fiktive Personen ebenfalls eine wichtige Rolle. Dazu gehört auch Daidalos (lat. *Daedalus*), der prototypische Künstler und Tüftler. Bei Minos in Ungnade gefallen, unternimmt er zusammen mit seinem Sohn Ikarus einen spektakulären Fluchtversuch. Daidalos konstruiert für beide ein Fluggerät aus Federn und Wachs. Ikarus kommt damit der Sonne zu nahe, seine Flügel schmelzen und er stürzt ins Meer. Daidalos gelangt nach Sizilien und findet beim dortigen König Kokalos Asyl. Minos verfolgt ihn, wird aber von Kokalos in einem Heißbad getötet. Die Flucht nach Sizilien ist eine Erinnerung an die historische Tatsache, dass sich der Einflussbereich der Minoer zeitweise bis ins westliche Mittelmeer erstreckte.

ein Faden, den ihm die Königstochter Ariadne gegeben hatte, mit dessen Hilfe er wieder aus dem Labyrinth zurückfand.

Licht in das mythische Dunkel brachten die Ausgrabungen, die der britische Archäologe Arthur Evans 1900 an einem Platz unweit der Nordküste Kretas aufnahm, den er als den Palast von Knossos identifizierte. Zur Freude des interessierten Publikums und zum Verdruss seiner akademischen Kollegen rekonstruierte er den Palast in einer äußerst freien Weise. Evans hatte auch keine Bedenken, den Minos aus den Mythen zu einer realen historischen Gestalt und zum tatsächlichen Bewohner des Palastes von Knossos zu erklären. Auf Evans geht daher auch der Name »minoische Zeit« für diese Phase der kretischen Geschichte zurück.

Mag man auch Zweifel an Evans' Interpretation haben, so ist doch sicher, dass die Kreter die erste europäische Hochkultur gewesen sind. Sie entwickelten eine markante Palastarchitektur mit einem großen Zentralhof, um den sich die öffentlichen und privaten Räume gruppierten. Auch gab es in den Palästen ein raffiniertes System von Treppen und Schächten, die durchaus an ein Labyrinth denken lassen.

Der minoische Palast von Knossos wurde um 2000 v. Chr. erbaut. Bei seinen Ausgrabungen Anfang des 20. Jahrhunderts rekonstruierte Arthur Evans auch dieses Säulenvestibül.

Die Tatsache, dass es auf der Insel mehrere solcher Paläste gab, Knossos jedoch die größte Anlage war, hat zu der bis heute viel diskutierten Frage nach der politischen Organisation des minoischen Kreta geführt. Wurde die erste europäische Hochkultur von einem einzigen Herrscher regiert oder gab es mehrere, voneinander unabhängige Machtzentren? Der Trend geht in der modernen Forschung dahin, eher eine, wenn auch moderate Führungsrolle von Knossos anzunehmen. Die große Rolle, die Kult und Götter bei den Minoern spielten, lässt zudem den Schluss zu, dass die Herrscher eine Art von sakralem Königtum praktizierten, indem sie neben ihren zivilen Aufgaben auch die Funktion von Priesterkönigen wahrnahmen.

Die differenzierte Palastarchitektur ist nicht der einzige Grund dafür, die Minoer als Hochkultur zu betrachten. Auch die Kunst zählt dazu, man denke nur an die prächtigen Fresken, die in den Villen und Residenzen auf Kreta zum Vorschein kamen. Verglichen mit den Verhältnissen im übrigen Europa waren die Minoer zu ihrer Zeit auch ökonomisch sehr fortschrittlich, da sie sich in dieser Hinsicht von orientalischen Potentaten beeinflussen ließen. So waren die minoischen Paläste nicht allein Zentren der Repräsentation und der Herrschaft, sondern vielmehr Mittelpunkte von Handel und Wirtschaft. Riesige Magazine und die charakteristischen Vorratsgefäße, Pithoi genannt, zeugen von einem ökonomischen System, bei dem die Bauern aus dem Umland Öl, Getreide und andere agrarische Produkte im Palast ablieferten, wo man sie hortete. Um die Paläste herum entwickelten sich städtische Siedlungen von zum Teil erheblichen Ausmaßen, wie das Beispiel Knossos zeigt, dessen Bevölkerungszahl man auf 40 000 Menschen schätzt. Bemerkenswerterweise waren die Paläste nicht befestigt. Offenbar hatte man keine Feinde zu fürchten.

Die wirtschaftlichen Anforderungen ließen die minoischen Kreter die erste europäische Schrift erfinden. Diese Pionierleistung zählt zu den Faktoren, die sie zu Vorreitern der europäischen Kultur machten. In der Sprachwissenschaft wird ihre Schrift, in Abgrenzung von der später von den Mykenern entwickelten, als Linear A bezeichnet. Dieser Name leitet sich von den zu Linien geformten Zeichen ab, die für diese Schrift typisch sind. Die Schrift weist gegenüber Vorgängern, die im Wesentlichen aus Bildzeichen bestanden, einen deutlich höheren Grad der Abstraktion auf. Entziffert ist Linear A bis heute nur in Ansätzen. So weiß man, dass es sich bei den auf Tontafeln, Siegeln und Inschriften erhaltenen Texten um Inventarlisten von Waren und Produkten aus der Palastwirtschaft handelt. Die 80 bekannten Zeichen von Linear A beruhen nicht auf einem Lautsystem, wie es für die spätere griechische Sprache charakteristisch ist. Das bedeutet: Die Minoer waren nicht mit den Griechen verwandt. Jedoch wurden sie von den späteren Griechen als Frühgriechen vereinnahmt.

Eine Kultur wird auch dann zur Hochkultur, wenn sie auf andere Kulturen einwirkt und diese maßgeblich beeinflusst. Die Vorbildlichkeit der Minoer lässt sich 100 Kilometer nördlich von Kreta auf der Insel Santorin erkennen, die in der Antike den Namen Thera trug. Zu Beginn des 2. Jahrtausends v. Chr. entwickelte sich dort, in der Nähe des modernen Orts Akrotiri, eine Perle mediterraner Urbanität, die man auf den ersten Blick für eine von den Minoern gegründete Stadt halten könnte. Man findet den gleichen Stil in der Architektur und der Kunst und die gleichen Gegenstände des Alltagslebens. Tatsächlich aber haben sich die Bewohner der Kykladeninsel von der minoischen Kultur lediglich inspirieren lassen, so wie in späteren Phasen der Geschichte die französische, chinesische oder amerikanische Kultur als Quelle der Nachahmung in Anspruch genommen wurden.

Nach einer populären Theorie galt die Insel Santorin lange Zeit als Auslöser für den Untergang der minoischen Kultur. Die Insel wurde in der Antike von einem Vulkanausbruch buchstäblich in die Luft gesprengt. Dieser ist auch für die heutige, sichelartige Gestalt von Santorin verantwortlich. Diese Eruption, so die Theorie, habe eine riesige Flutwelle ausgelöst, die große Teile von Kreta zerstört habe. Der Vulkanausbruch auf Santorin fand jedoch, wie geoarchäologische Untersuchungen von Aschepartikeln gezeigt haben, bereits um 1620 v. Chr. statt. Das ist gut 200 Jahre früher als die Katastrophe, die zum Ende der kretischen Paläste und der minoischen Kultur führte. Vermutlich wurde Kreta um 1400 v. Chr. von einer Serie schwerer Erdbeben heimgesucht, was die Infrastruktur und die Herrschaft der Minoer erheblich schwächte. So gelang es mykenischen Griechen vom Festland, die Minoer abzulösen und die Macht zu übernehmen. Die Festlandgriechen bauten Knossos wieder auf und bewohnten die Stadt sowie Teile der Insel für etwa zwei Jahrhunderte. Danach wurden auch sie von einer weiteren Katastrophe, sei es militärischer oder seismischer Art, vertrieben.

Die Mykener –
kriegerische Adelskultur auf der Peloponnes

Die zweite große Kultur der frühgriechischen Zeit war völlig anders als ihre Vorgängerin. Repräsentierte die minoische Kultur auf Kreta einen heiteren und friedlichen Lebensstil, so steht der Name »Mykene« für eine raue, kriegerische Gesellschaft. Konnten die Minoer bei ihren Palästen auf Verteidigungsanlagen verzichten, so waren die Städte und Residenzen der Mykener mit so dicken Mauern versehen, dass die Griechen sie als das Werk von Zyklopen ansahen. Doch die Befestigungen waren nicht von einäugigen Riesen, sondern von ganz realen Menschen geschaffen worden. Sie mussten sich schützen, weil Kampf und Krieg zum Alltag ihrer Kultur gehörten.

Mykene ist die Bezeichnung für eine Burg auf der Peloponnes in der Landschaft Argolis. Sie wurde zur Namensgeberin einer ganzen Epoche der frühen griechischen Geschichte. Mykene war der Sitz eines Herrschers, der in der Adelsgesellschaft seiner Zeit eine prominente Rolle spielte, ohne dabei eine Alleinherrschaft auszuüben. Zu den anderen Fürsten, die in Pylos, Tiryns oder anderen Städten residierten, gab es enge Beziehungen. Nicht selten kam es aber auch, wie es dem kriegerischen Charakter der mykenischen Kultur entsprach, zu militärischen Auseinandersetzungen. Es gab zwei objektive Voraussetzungen dafür, dass mit dem Namen Mykene untrennbar die Assoziation des Kriegerischen verbunden ist. Erstens handelte es sich bei den Trägern dieser Kultur um zugewanderte, indoeuropäische Bevölkerungsgruppen, die nach 2000 v. Chr. von Norden her Teile des griechischen Festlandes besiedelt hatten. Hier trafen die Achäer, wie sie in späteren Quellen genannt werden, auf eine vorgriechische Bevölkerung, gegenüber der sie sich kriegerisch behaupten mussten. Zweitens waren die Mykener, anders als die Minoer, keine Inselbewohner. Das Meer bot ihnen keinen natürlichen Schutz, immer mussten sie mit Angriffen sesshafter oder durchziehender Gruppen rechnen. Wer als Herrscher ein sicheres Leben führen wollte, hatte darauf zu achten, dass sein Palast eine uneinnehmbare Festung war. Und nicht nur äußere Gegner hatten die Fürsten zu fürchten. Die Masse der Bevölkerung, die unter ihrer Herrschaft in Dörfern und auf Bauernhöfen lebte, befand sich in völliger sozialer und wirtschaftlicher Abhängigkeit vom Adel. Aufstände waren unter diesen Bedingungen nicht ausgeschlossen und veranlassten die Fürsten ebenfalls zu erhöhten Sicherungsmaßnahmen. Die unter diesen Bedingungen entstandenen Burganlagen vereinten innerhalb ihrer Mauern sowohl die offiziellen als auch die privaten Räume des Fürsten. Dazu kamen Räume, die der Verwaltung dienten, und weitere, die man als Magazine nutzte.

Die mykenische Kultur erlebte ihre Blütezeit zwischen 1600 und 1150 v. Chr. In dieser Phase prägte sie nicht nur die Verhältnisse auf der Peloponnes. Der Aktionsradius der ebenso streitbaren wie geschäftstüchtigen Fürsten erstreckte sich auf den gesamten östlichen Mittelmeerraum. Kontakte lassen sich mit Zypern, dem Vorderen Orient und Ägypten nachweisen. Auf Kreta waren es Mykener, die nach dem Ende der minoischen Herrschaft die Regie über den Palast von Knossos übernahmen. Auch zu den wirtschaftlich attraktiven Regionen im Schwarzmeergebiet pflegten die Mykener Beziehungen. Um in das Schwarze Meer zu gelangen, mussten ihre Schiffe die Küsten des nordwestlichen Kleinasiens, die Dardanellen und den Bosporus passieren.

Auf dem Weg dorthin lag auch eine Stadt namens Troja, die durch den von vielen antiken Schriftstellern beschriebenen Trojanischen Krieg bis heute als eine der berühmtesten historischen Stätten der Antike gilt. Die Quellen, allen voran Homers *Ilias*, sprechen

INFO

Agamemnon

König von Mykene

In den Mythen um den Trojanischen Krieg spielt Agamemnon, König von Mykene, eine herausragende Rolle. Nach dem Raub der Helena, der Frau seines Bruders Menelaos, übernimmt er die Führung im Kampf der Griechen gegen die Trojaner. Vor der Expedition opfert Agamemnon seine Tochter Iphigenie, um die Göttin Artemis, die er beleidigt hatte, milde zu stimmen und so günstige Winde für den Kriegszug nach Troja zu erreichen. (Nach einer anderen Version opfert er im letzten Moment eine Hirschkuh.) Nach dem Sieg über Troja kehrt er in die Heimat zurück, wo er von seiner Frau Klytämnestra und ihrem Geliebten aus Rache für Agamemnons Bereitschaft, seine eigene Tochter zu opfern, erschlagen wird. In der Figur des Agamemnon spiegelt sich die Erinnerung der antiken Griechen an das mykenische Königtum wider.

davon, dass der Raub der schönen Helena, der Ehefrau des spartanischen Königs Menelaos, durch den trojanischen Prinzen Paris einen Rachefeldzug griechischer Fürsten Richtung Troja auslöste. Nach zehnjähriger Belagerung gelang es den ungebetenen Gästen dank der List des Mitstreiters Odysseus, die Stadt zu stürmen und zu zerstören.

Als der deutsche Altertumsenthusiast Heinrich Schliemann 1871 mit den Grabungen nahe dem türkischen Ort Hissarlik begann und dabei eine bronzezeitliche Siedlung entdeckte, schienen sich die antiken Berichte über den Trojanischen Krieg zu bestätigen. Denn Schliemann stieß auf verschiedene Zerstörungshorizonte, die ihn allerdings nicht so sehr interessierten wie die Pretiosen, die er zutage förderte – allen voran den von ihm selbst so benannten, aus nicht weniger als 8000 Teilen bestehenden »Schatz des Priamos«. Schliemanns Gewissheit, damit auf Stücke gestoßen zu sein, die sich einst im Besitz jenes Königs von Troja befunden hätten, der während des Trojanischen Krieges an der Macht war, kann schon längst nicht mehr aufrechterhalten werden. Die wertvollen Teile stammen aus einer Fundschicht, die deutlich früher anzusetzen ist als die Zeit, in der man von einer gemeinsamen griechischen Aktion gegen Troja ausgehen kann. Troja wurde mehrfach zerstört, teils durch Erdbeben, teils durch Kampfhandlungen. Vermutlich ist eine Fundschicht aus Zeit kurz nach 1200 v. Chr. dem Trojanischen Krieg zuzuordnen. Allerdings ist die von den antiken Autoren beschriebene Handlung des Krieges rein fiktiv. Das ganze ins Gefecht geschickte Personal, von Agamemnon über Helena bis zu Odysseus und Priamos, hat keine direkten historischen Vorbilder – ist jedoch auch keine pure Erfindung: Es handelt sich bei den Berichten vom Trojanischen Krieg um die dichterische Verarbeitung weit zurückliegender Erzählungen von Beute- und Plünderungszügen, die mykenische Griechen an die kleinasiatische Westküste unternommen haben. Die reiche Stadt Troja war dabei ein attraktives Ziel. Von solchen Zügen brachten die adligen Kämpfer wertvolle Schätze mit, die man nach ihrem Tod, zusammen mit anderen Gegenständen aus ihrem persönlichen Besitz, als Beigaben in ihren Gräbern deponierte.

Heinrich Schliemann auf einer Porträtaufnahme von 1880

Die Zeit der Mykener war eine wichtige Etappe auf dem Weg, auf dem aus den frühen Bewohnern des griechischen Festlands und der griechischen Inseln Griechen wurden – im Sinne einer ethnischen, sprachlichen oder auch religiösen Gemeinschaft. Denn sie verfügten über eine Schrift die, im Gegensatz zur Linear A der Minoer auf einer nunmehr als griechisch zu identifizierenden Sprache beruht. Und anders als Linear A ist Linear B, wie man diese Schrift konsequenterweise nennt, entziffert. Sie besteht ebenfalls aus einem System von Bildzeichen und Silben. Die Deutung der Schrift gelang dem Briten Michael Ventris 1953. Bei den Zeugnissen der

Heinrich Schliemann
(1822–1890)

*Deutscher Geschäftsmann und
Altertumsforscher*

Mit seinen diversen Geschäften machte der viel gereiste,
weltgewandte Kaufmann Heinrich Schliemann aus Mecklen-
burg ein Vermögen. Von seiner Jugend an hatte er sich für die
Antike begeistert, nun, finanziell unabhängig, erfüllte er sich einen
Traum. Er wollte jene Stätten entdecken, die Homer in seinen Epen
beschrieben hatte. Schliemanns größter Erfolg waren die Ausgrabungen in Troja von 1871 bis 1873. 1876 begann er mit archäologischen
Forschungen in Mykene. Schliemann war fest davon überzeugt, dass
die Helden Homers reale historische Persönlichkeiten gewesen
waren. So wie er in Troja den »Schatz des Priamos« gefunden
haben wollte, deklarierte er einen wertvollen Fund in Mykene als »Goldmaske des Agamemnon«. Seinen Plan,
den Palast von Knossos auszugraben, musste er
wegen Meinungsverschiedenheiten mit
den türkischen Grundbesitzern
aufgeben.

Linear-B-Schrift handelt es sich überwiegend um Tontafeln, die in den Archiven der
mykenischen Paläste gelagert waren. Sie informieren ausführlich über die wirtschaftlichen Verhältnisse und über administrative Vorgänge.

Um 1150 v. Chr. endet die Ära der Mykener, ihre Paläste wurden zerstört. Warum es dazu kam, weiß man nicht genau. Vielleicht waren es wirtschaftliche Aspekte: Durch Veränderungen der Machtverhältnisse im östlichen Mittelmeerraum und
Vorderen Orient gingen den Mykenern wichtige Märkte verloren. Die einheimische
Landwirtschaft litt unter Schwankungen des Klimas. Auch die viel diskutierte Dorische Wanderung hatte ihren, wenn auch nur partiellen Anteil am Ende der zweiten
Hochkultur auf griechischem Boden, die als erste das Attribut »griechisch« verdient.

Die Dorische Wanderung – Neuformierung der Kulturen und Ethnien

Griechenland hatte sich unter den Mykenern ansehnlich und vielversprechend entwickelt, war aber im Vergleich zu späteren Glanzzeiten immer noch im Werden. Die
Schwerpunkte mykenischer Siedlungstätigkeit lagen primär auf der Peloponnes und
nur partiell in anderen Regionen wie etwa in Attika, wo sich in dieser Zeit in Athen

erste urbane Strukturen entwickelten. Viele andere Teile Griechenlands nahmen bis dahin eine eher bescheidene Entwicklung.

Als wesentlicher Einschnitt galt in der historischen Forschung lange Zeit die Dorische Wanderung. So schrieb im 5. Jahrhundert v. Chr. der griechische Historiker Thukydides:

»Es gab auch nach dem Trojanischen Krieg in Hellas noch viele Wanderungen und Neugründungen, sodass es nicht in Ruhe wachsen konnte.«

Der Begriff »Dorische Wanderung« beruht auf einer Unterscheidung, nach der die Griechen sich aus einer Reihe von »Stämmen«, wie man früher sagte, zusammensetzten. Heute spricht man von Ethnien. Dazu gehörten neben den Dorern die Ionier, die Äoler und die Achäer. Ihre Identität gewannen sie jeweils durch eine gemeinsame Sprache, teilweise durch eine gemeinsame Götterwelt und eine identische materielle Kultur, wozu etwa Werkzeuge, Bauten oder Schmuckstücke zählen. Die Äoler besiedelten Gebiete in Thessalien, in Böotien und auf der Peloponnes. Im 11. Jahrhundert v. Chr. wanderten sie in Richtung Osten, ließen sich auf Ägäisinseln wie Lesbos nieder und erreichten schließlich die kleinasiatische Westküste. Ihnen folgten von Attika aus die Ionier, die auf diese Weise, wie die Äoler, maßgeblich für die griechische Präsenz an der heutigen türkischen Küste verantwortlich gewesen sind. Die Achäer waren zu Beginn des 19. Jahrhunderts v. Chr. nach Griechenland eingewandert und verfügten über Siedlungszentren in Thessalien und der nördlichen Peloponnes.

Die Dorer prägten in späterer Zeit die griechische Geschichte. Sie waren für die Gründung der späteren Großmacht Sparta verantwortlich. Auch Kreta geriet unter den Einfluss dorischer Politik und Kultur. Die Dorer beteiligten sich an der Besiedlung der kleinasiatischen Westküste wie auch an der Großen Kolonisation, die im 8. Jahrhundert v. Chr. begann und in deren Verlauf weite Teile des westlichen Mittelmeeres unter griechischen Einfluss kamen.

Eine Legende indes ist die angeblich umwälzende Bedeutung der Dorischen Wanderung. Die Dorer sollen nach späteren Berichten antiker Autoren aus dem Norden kommend in Richtung Peloponnes vorgestoßen sein und dabei der mykenischen Kultur gewaltsam ein Ende bereitet haben. Für die Annahme einer solchen massiven Völkerwanderung gibt es jedoch keine archäologischen Belege. Entsprechende griechische Erzählungen haben die Funktion, aus der Rückschau eine Erklärung für die Präsenz der Dorer auf der Peloponnes zu liefern. In der Realität handelte es sich, wie bei den anderen Wanderungen, um ein sukzessives Vordringen, das insgesamt, aber nur als ein Faktor unter vielen dazu beigetragen hat, dass die Vormachtstellung der Mykener in der zweiten Hälfte des 12. Jahrhunderts v. Chr. beendet wurde.

Die Dark Ages – die moderne Forschung bringt Licht ins Dunkel

Niemand wünscht sich, dass die Zeit, in der er lebt, später einmal als »dunkel« bezeichnet wird. Genau dies aber ist den Griechen in der Zeit zwischen dem 12. und dem frühen 8. Jahrhundert v. Chr. passiert. Die Jahrhunderte zwischen dem Ende der mykenischen Paläste und dem Beginn der kulturellen Blüte, die gerne mit dem Namen des Dichters Homer verbunden wird, werden in den Geschichtsdarstellungen häufig die »Dunklen Jahrhunderte« (»Dark Ages«) genannt. Diese Charakterisierung bezieht sich auf eine angebliche kulturelle Verarmung, insbesondere auf das Verschwinden von Schriftzeugnissen. Tatsächlich gibt es aus der Zeit nach dem Zusammenbruch der mykenischen Herrschaft keine Belege mehr dafür, dass die Linear-B-Schrift weiter im Gebrauch war. Die griechische Kultur wurde schriftlos. Dieser Zustand dauerte bis zur Wende vom 9. zum 8. Jahrhundert v. Chr. an, als die Griechen die Buchstabenschrift der Phönizier in erweiterter Form übernahmen.

Inzwischen haben Forscher etwas mehr Licht ins Dunkel gebracht und nachgewiesen, dass es auch nach der mykenischen Palastzeit eine Kontinuität in den Siedlungsstrukturen gegeben hat. Das Kunsthandwerk wies weiter ein relativ hohes Niveau auf, und der Handel erlebte eine Blüte. Wertvolle Grabbeigaben, wie man sie etwa auf der Insel Euboia gefunden hat, deuten an, dass zumindest in einzelnen Regionen der Adel weiterhin über Reichtümer verfügte. Auch lässt sich eine Reihe von technologischen Entwicklungen beobachten. Im Gegensatz zur mykenischen Zeit fehlte es jedoch an überregionalen politischen Organisationsformen. Und doch wurden in den Dark Ages die Grundlagen dafür geschaffen, dass es ab dem 9./8. Jahrhundert v. Chr. zu einer wahren politischen und kulturellen Explosion kommen konnte, die den Griechen den Weg hin zu jener antiken Vorreiterrolle ebnete, die ihnen in der Neuzeit so viel Bewunderung eingebracht hat.

DAS ARCHAISCHE GRIECHENLAND

Die Phase zwischen etwa 800 und 500 v. Chr. wird als die »archaische« Zeit Griechenlands bezeichnet. Der Begriff stammt aus der Kunstgeschichte und soll aussagen, dass die Griechen in dieser Epoche zwar Bedeutendes geleistet haben, ihre Werke aber noch nicht zur Vollendung gelangten. Dies sei erst in der nachfolgenden »klassischen« Periode der Fall gewesen, als die Griechen absolute Höchstleistungen auf den Gebieten Politik, Wirtschaft, Kultur und Kunst vollbrachten.

Doch wurden in der »archaisch« genannten Zeit wichtige Weichenstellungen vorgenommen. Es ist die Zeit, in der sich die Polis ausbildete, die für die Griechen charakteristische Organisationsstruktur von Politik und Staat. Ebenso wurden wirtschaftliche Abläufe durch die Einführung des Münzgeldes revolutioniert. Im Rahmen der sogenannten Großen Kolonisation zogen die Griechen in die Welt hinaus und besiedelten die Küsten des Schwarzen Meeres und des westlichen Mittelmeeres. Delphi und Olympia entwickelten sich zu Zentren von Religion und Sport und boten den Griechen, die politisch weitgehend isoliert in ihren Stadtstaaten lebten, die Möglichkeit, miteinander in Kontakt zu kommen und eine gemeinsame Identität zu entwickeln. Eine wichtige Rolle spielte in dieser Phase auch der Krieg – es ist kein Zufall, dass der Militärstaat Sparta in archaischer Zeit zum mächtigsten Faktor in der griechischen Staatenwelt wurde. Innenpolitisch war die Epoche geprägt durch Aristokraten und Tyrannen. Athen ging einen Sonderweg und begann mit der Entwicklung der Demokratie. Persönlichkeiten traten aus der Anonymität des Kollektivs heraus, wodurch die archaische Zeit auch das Ende der Grauzone zwischen Mythos und Realität bedeutete.

Die Entstehung der Polis

Es gibt, wie man meinen könnte, nichts, was für die Griechen in politischer Hinsicht charakteristischer gewesen ist als die Polis. Viele moderne Begriffe, die den Staat betreffen, sind von diesem Wort abgeleitet, allen voran die Politik selbst. Bei der Polis handelte es sich um einen Stadtstaat, bestehend aus einem urbanen Zentrum und einem meist agrarisch genutzten Umland. Jede Polis war politisch autonom, mit eigenen Gesetzen, eigenen politischen Funktionsträgern, eigener Währung, eigenem Kalender, eigenen Maßen und Gewichten. In archaischer und auch in klassischer Zeit war Griechenland zu keinem Zeitpunkt eine übergreifende politische Einheit. Griechische Geschichte jener Zeit ist also die Summe der Geschichte der Stadtstaaten, von denen es in klassischer Zeit weit über 1000 gab. Die meisten Stadtstaaten verfügten über ein Territorium von nur bescheidener Größe. Damit korrespondierte eine, gemessen an modernen Vorstellungen von einer Stadt, geringe Einwohnerzahl. Im

Delphi gehört zu den berühmtesten Städten der griechischen Antike und steht seit 1987 auf der Welterbeliste der UNESCO. Hier ein sakraler Rundbau, ein sogenannter Tholos, im Heiligtum der Athena Pronaia

Normalfall lebten in einer griechischen Polis nicht mehr als 2000 Menschen, Athen stellte mit 300 000 Einwohnern eine absolute Ausnahme dar. Der Philosoph Platon empfahl im 4. Jahrhundert v. Chr. eine Idealgröße von 5040 Menschen. Doch handelte es sich dabei nicht um einen praktischen Ratschlag: Der Gelehrte verwendete eine vom Philosophen Pythagoras inspirierte Zahlenspielerei, indem er eine Multiplikationsrechnung vornahm: 1 x 2 x 3 x 4 x 5 x 6 x 7.

Über die Entstehung der Polis gibt es verschiedene Theorien. Ihre Anfänge liegen wahrscheinlich bereits am Ende der Dark Ages. Voraussetzung war, dass die sich in dieser Zeit vollziehenden Wanderungsbewegungen zu einem Abschluss kamen und von dauerhafter Sesshaftigkeit abgelöst wurden. Manche Städte wurden dort angelegt, wo sich bereits mykenische Siedlungen befunden hatten. Wesentlich für die Gestaltung der Polis waren die naturräumlichen Bedingungen. Das Griechenland der Antike war ein von Gebirgen zerklüftetes Land, das wenig Raum für größere Siedlungen bot. So schlossen sich die Menschen notwendigerweise in kleinen Einheiten zusammen. Jedoch gab es nicht nur im griechischen Mutterland solche Poleis, sondern auch auf den Inseln und in den Kolonialgebieten an der Westküste Kleinasiens, im Schwarzmeerraum und an den Küsten im westlichen Mittelmeer. Hier, in der Fremde, sahen sich die Siedler schon aus Gründen der Sicherheit dazu veranlasst, sich in isolierten städtischen Einheiten zusammenzuschließen.

Doch nicht überall setzte sich das Modell der Polis durch. So gab es im Norden, in Makedonien, ein größeres, monarchisch regiertes Territorium. In anderen Regionen hielten sich, als Relikt aus Wanderungszeiten, archaische Stammesgesellschaften. In den Gebieten, in denen Stadtstaaten dominierten, entwickelte sich ein intensives politisches Leben. Dabei definierte sich eine Polis nicht über das Territorium, sondern über ihre Einwohner. So nannte sich die Polis Athen »die Athener«, die Polis Korinth »die Korinther« oder die Polis Theben »die Thebaner«.

Jedoch waren nicht alle Menschen, die in der Polis lebten, vollgültige Angehörige des Stadtstaates. Entscheidend war das Bürgerrecht, dessen Besitz erst die Teilnahme am politischen Leben ermöglichte. In der Regel erwarb man diese Eintrittskarte in die Schaltzentralen der Macht durch Geburt, manchmal auch durch den Nachweis von Grundbesitz. Das Bürgerrecht konnte aber auch von der Stadt verliehen werden, sowohl an Einzelpersonen als auch an ganze Gruppen. Sklaven, Fremde und Frauen waren von den politischen Geschäften jedoch grundsätzlich ausgeschlossen. So waren die Berechtigten in der Regel frei geborene Männer über 18 Jahren.

Die Stadtstaaten der archaischen Zeit wurden fast ausschließlich aristokratisch regiert. Eine Ausnahme bildeten die Athener, die gegen Ende dieser Phase ein demokratisches Gemeinwesen aufbauten. Ansonsten aber teilten sich die Angehörigen des Adels die politische Macht. Institutionen der Adelsherrschaft waren der Rat, die Volksversammlung und der Kreis der Beamten, die in der Regel für die Dauer eines Jahres die politische Exekutive bildeten.

Kam ein Bewohner einer Polis auf einer Reise in eine andere Polis, hatte er in der Regel keine großen Schwierigkeiten, sich in der fremden Stadt zurechtzufinden. Dies lag nicht nur an der geringen Größe der Poleis, sondern auch daran, dass die meisten Stadtstaaten ähnlich aufgebaut waren. Dominierend war die Akropolis, das heißt wörtlich die »Spitze der Stadt«. Auf diesem geografisch markanten Hügel befanden sich die wichtigsten und ältesten Tempel der Stadt, dazu auch Befestigungsanlagen, die als Fluchtburgen für Krisenzeiten dienten. Unterhalb des Hügels erstreckten sich, neben privaten Wohnhäusern, die offiziellen Gebäude. Letztere befanden sich auf einem Areal, das die Griechen Agora (»Marktplatz«) nannten und das als politischer sowie wirtschaftlicher Mittelpunkt der Stadt fungierte.

Die zwischen 447 und 406 v. Chr. erbaute Akropolis von Athen ist die berühmteste Stadtfestung der griechischen Antike. Seit 1986 ist sie ein UNESCO-Weltkulturerbe.

Die Große Griechische Kolonisation

Marseille ist nicht nur eine Großstadt in Südfrankreich, sondern auch eine griechische Stadt. Ein Grieche jedenfalls hätte an diese Stadt gedacht, wenn man ihn im 6. Jahrhundert v. Chr. gefragt hätte, wo eigentlich die Stadt Massalia liegt. Die heutige Metropole der Provence war in der Antike ein westlicher Vorposten der Großen Griechischen Kolonisation. Gegründet wurde sie um 600 v. Chr. im Delta der Rhône von Siedlern aus Phokaia, einer ionischen Handelsstadt in Kleinasien. Massalia entwickelte sich in den folgenden Jahrzehnten zu einer bedeutenden Hafenstadt mit weitreichenden Kontakten im gesamten Mittelmeerraum.

Auch Istanbul verdankt seine Existenz dem Pioniergeist griechischer Händler und Seefahrer. Etwa 60 Jahre vor der Gründung von Massalia hatten hier Griechen aus Megara die günstige Lage zwischen Mittelmeer und Schwarzem Meer erkannt und daraufhin eine Stadt angelegt, der sie den Namen Byzantion gaben. Die Römer machten daraus Byzantium, bevor der römische Kaiser Konstantin sie im 4. Jahrhundert n. Chr. zu seiner neuen Residenz erkor und sie nach sich selbst Konstantinopel benannte. Den heutigen Namen erhielt sie von den Türken, die die Stadt 1453 eroberten.

Die Griechen gründeten im Rahmen ihrer Kolonisation, die etwa von 750 v. Chr. bis 550 v. Chr. dauerte, eine große Zahl von Städten. Manche sind verschwunden, doch viele von ihnen gibt es noch heute. Dabei ist der Name »Kolonisation«, an den man sich inzwischen gewöhnt hat, nicht besonders präzise. Nach modernen Kategorien könnte man darunter eine Expansion im Stil der imperialistischen Politik der europäischen Großmächte des 19. Jahrhunderts verstehen. Die griechische Kolonisation zielte aber weder auf Eroberung, noch stand hinter ihr eine einheitliche Konzeption. Zu Beginn war bei den Griechen der Wunsch leitend, die Heimat zu verlassen. Durch einen rapiden Anstieg der Geburten am Ende der Dark Ages gab es in vielen Gegenden des griechischen Mutterlandes massive Probleme bei der Ernährung der Menschen. Die kargen landwirtschaftlichen Erträge reichten nicht aus, um die Versorgungsprobleme zu lösen. So sahen sich insbesondere die jungen Leute gezwungen, ihr Glück in der Fremde zu suchen. Gruppen von 100 oder 200 Auswanderungswilligen taten sich zusammen, bestiegen ein Schiff, fuhren auf das Mittelmeer hinaus und hielten Ausschau nach einem Platz, der noch nicht belegt war und der über einen guten Naturhafen verfügte. Außerdem achtete man darauf, dass genügend Trinkwasser vorhanden und das Hinterland agrarisch nutzbar war.

Ein anderes Motiv, das die Griechen zu dieser Zeit in Scharen auf das Meer trieb, waren handelspolitische Interessen. So lockten die Erben der Minoer und Mykener etwa Metallreichtümer auf der Iberischen Halbinsel, wo sie allerdings mit den vorderorientalischen Phöniziern konkurrieren mussten, die schon früher den Blick

Richtung Spanien gelenkt hatten. Nicht lange nach der Gründung von Massalia richteten dort angesiedelte Griechen im äußersten Nordosten Spaniens einen Handelsstützpunkt namens Emporion ein – eine Stadt, die noch heute existiert und deren moderne Bezeichnung Ampurias den alten griechischen Namen in sich trägt.

In Italien waren es die Metallvorkommen in der heutigen Toskana – wo die Siedlungsplätzen der Etrusker lagen – und auf der Insel Elba, die bei den Griechen merkantile Begehrlichkeiten weckten. Die Präsenz der Etrusker verhinderte indes die Anlage von griechischen Städten. Dafür konzentrierten sich die Griechen auf den Süden Italiens und auf Sizilien. So gründeten sie etwa Neapel (eigentlich Neapolis, »Neustadt«) oder Tarent, das insofern eine besondere Rolle spielt, als es die einzige Stadtgründung der Spartaner im Rahmen der Großen Griechischen Kolonisation gewesen ist.

Auf Sizilien wurden mit Naxos (735 v. Chr.) und Syrakus (734 v. Chr.) auch die frühesten Städte im westlichen Mittelmeerraum gegründet. Gerade Sizilien entwickelte sich in der Folgezeit zu einem kolonialen Vorzeigeobjekt. Hier entstanden mit Akragas (heute Agrigent) und Selinunt wahre Perlen des griechischen Städtebaus mit prächtigen Tempelanlagen, die die meisten Heiligtümer im Mutterland in den Schatten stellten.

Auch heute noch sind die Spuren der archaischen Zeit sichtbar. Diese unvollendete Statue, ein sogenannter Kouros, aus dem späten 7. Jahrhundert v. Chr. liegt in einem antiken Steinbruch in der Nähe des kleinen Ortes Apollonas im Norden der griechischen Kykladeninsel Naxos.

Im Schwarzmeerraum waren die Griechen ähnlich aktiv wie im Mittelmeer. Führend bei der dortigen Kolonisation war die Stadt Milet, die ionische Griechen bereits um 1000 v. Chr. im Zuge der Wanderungsbewegungen in den Dark Ages gegründet hatten. Die einflussreichen Kaufleute von Milet hatten ein vitales Interesse daran, von den lukrativen Märkten in dieser Region zu profitieren. Um an begehrte Güter wie Fisch, Salz, Getreide oder auch Sklaven zu gelangen, installierte man an allen Küsten des Schwarzen Meeres Filialstädte wie Sinope (das heutige türkische Sinop), Amisos (das heutige türkische Samsun) oder Olbia in der heutigen Ukraine. Die vielen griechischen Städte rings um Mittelmeer und Schwarzes Meer veranlassten den Philosophen Platon zu der Bemerkung, die Griechen säßen um das Meer »wie die Frösche um den Teich«.

Die Städte, die von den Siedlern gegründet wurden, waren selbstständige politische Einheiten und in dieser Hinsicht völlig unabhängig von den Mutterstädten. Allerdings bestanden weiterhin enge Kontakte zur alten Heimat. So gab es regelmäßig gemeinsame Feste für die Götter. Überhaupt bildete die Religion ein festes Band zwischen den alten Städten und den neuen Gründungen. Die Kolonisten nahmen die heimischen Kulte mit und pflegten sie in ihren Städten besonders intensiv.

Die *Odyssee* ist eine Chronik der Großen Griechischen Kolonisation. In diesem berühmten Epos schildert der Dichter Homer die Irrfahrten des Odysseus nach dem Fall von Troja. Der König von Ithaka hatte sich den Zorn wichtiger Götter zugezogen und musste nun eine Reihe von Abenteuern bestehen, bevor er in die Heimat zurückkehren durfte – gerade noch rechtzeitig, um die lästigen Freier, die seine Gattin Penelope bedrängten, in die Schranken zu weisen. Auf ihren unfreiwilligen Reisen hatten Odysseus und seine Gefährten zum Beispiel Bekanntschaft mit dem ungehobelten Zyklopen Polyphem, der verführerischen Zauberin Kirke, den betörenden Sirenen und den Meeresungeheuern Skylla und Charybdis gemacht. Odysseus hatte sogar die Gelegenheit erhalten, der Unterwelt einen Besuch abzustatten. Dort im Hades traf er gemäß den Jenseitsvorstellungen der archaischen Griechen auf seine Mutter, auf Agamemnon, auf Tantalos und viele andere Prominente des griechischen Mythos.

Homer
(zweite Hälfte 8. Jahrhundert v. Chr.)

Griechischer Dichter

Über das Leben des Dichters der *Ilias* und der *Odyssee* ist wenig bekannt. Es ist nicht einmal sicher, ob man einem Schriftsteller namens Homer beide Epen zuschreiben kann. In der Antike stritten sieben Städte um das Privileg, Geburtsort Homers zu sein. Die besten Argumente hatte Smyrna, das heutige Izmir. Denn laut einer Legende trug Homer ursprünglich den Namen Melesigenes, »der vom Fluss Meles Herstammende«. Und der Meles floss an Smyrna vorbei. Künstlerisch stand Homer in der Tradition der Rhapsoden, fahrender Sänger, die ihre Lieder an den Höfen der Tyrannen und in den Salons der Adligen vortrugen.

Homer, über dessen Leben wenig bekannt ist, schrieb die *Odyssee* gegen Ende des 8. Jahrhunderts v. Chr. Sie und die etwas früher verfasste *Ilias* sind die ältesten Texte der europäischen Literatur. Nicht lange vor ihrer Abfassung hatten die Griechen von den Phöniziern deren Buchstabenschrift übernommen und damit den seit dem Ende der Mykener vorherrschenden Zustand der Schriftlosigkeit überwunden.

Odysseus' Reisen zu fernen Gestaden sind keine reine Fiktion, vielmehr reflektieren die Erzählungen in fantasievoller Weise Erfahrungen, die viele Entdecker auf der Suche nach einer neuen Heimat und attraktiven Handelsplätzen machten. So dramatisiert etwa die Episode der wasserspeienden und wasserschlürfenden Ungeheuer Skylla und Charybdis die Gezeiten in der Straße von Messina zwischen Italien und Sizilien. Dieses Naturphänomen ist im Mittelmeer ansonsten selten.

Die Große Griechische Kolonisation fand nach 550 v. Chr. ein allmähliches Ende, da die besten Siedlungsplätze vergeben waren. Für die Geschichte der Antike war die Kolonisation von herausragender Bedeutung, denn sie führte dazu, dass griechische Kultur und griechische Zivilisation über das eigentliche Griechenland hinaus Verbreitung fanden und zwischen dem Schwarzen Meer und der Iberischen Halbinsel das Leben der Menschen beeinflussten, die mit den Griechen in Berührung kamen.

Die Einführung des Münzgeldes

In die archaische Zeit fällt eine Entwicklung, die Wirtschaft und Handel der Antike in völlig neue Bahnen lenkte. Statt wie zuvor umständlich Tauschhandel zu betreiben oder mit Metallen wie Gold und Silber zu bezahlen, deren Echtheit und Gewicht man immer erst mühsam prüfen musste, führte man das Münzgeld ein. Der griechische Historiker Herodot schrieb, dass dafür die Lyder in Kleinasien verantwortlich waren: »Sie sind, unseres Wissens, die ersten auf der Welt gewesen, die Gold- und Silbermünzen geprägt und benutzt haben.«

Diese ökonomische Revolution fand vermutlich an der Wende vom 7. zum 6. Jahrhundert v. Chr. statt. Die Lyder hatten sich im westlichen Kleinasien als Vormacht etabliert. So waren auch die Griechenstädte an der Küste unter ihre Herrschaft gekommen. Von der Hauptstadt Sardes aus herrschten ihre Könige über ein großes Territorium, das in wirtschaftlicher Hinsicht glänzend dastand. Sie profitierten zum einen von den reichen Bodenschätzen, zum anderen von der Lage an wichtigen Verkehrsrouten, die das Mittelmeer mit dem Orient verbanden. Durch ihre intensiven Handelsaktivitäten kamen die Lyder auf die Idee, die Abläufe dadurch zu erleichtern, dass man Metallstücke als Zahlungsmittel in Umlauf brachte, bei denen man nicht jedes Mal die Echtheit selber prüfen musste. Vielmehr sollten die Kunden nun insofern Vertrauen in die Währung haben, als der Staat in Gestalt des Königs für den Feingehalt des Metalls, das Gewicht und damit die Validität der Münze garantierte. Zu diesem Zweck versah man die ovalen Münzen aus einer Legierung von Gold und Silber mit verschiedenen Symbolen, etwa einem brüllenden Löwen oder lydischen Schriftkürzeln.

Die Pioniertat der Lyder hatte Signalwirkung: Schon kurze Zeit später folgten die griechischen Stadtstaaten dem Vorbild der Nachbarn im Osten. Im griechischen Mutterland hatte die Insel Aegina numismatisch die Nase vorn. Ihre Münzen zierte als Erkennungszeichen eine Schildkröte. Es folgten die Athener mit dem Bild einer Eule und die Korinther mit dem geflügelten Pegasospferd. Auch die Syrakusaner auf Sizilien, die sich im westlichen Mittelmeer als politische und wirtschaftliche Führungsmacht etabliert hatten, führten bald Münzgeld ein. Erst in hellenistischer Zeit wurden Porträts von Königen und führenden Politikern auf die Münzen geprägt.

Die Einführung des Münzgeldes erleichterte den Handelsverkehr und das Bezahlen im Alltag erheblich. Jedoch gab es ein Problem: Jede griechische Polis hatte ihre eigene Währung. So galt es, bei Geschäften zwischen zwei Städten die jeweiligen Münzen kompatibel zu machen. Und es zeigte sich auch, dass der Übergang von der Natural- und Tauschwirtschaft zur Geldwirtschaft nicht ohne Schwierigkeiten über die Bühne ging. Wie insbesondere aus Athen bekannt ist, mussten sich viele Bauern, die bis dahin ihre Waren auf dem Markt angeboten und dafür andere Güter erworben hatten, verschulden und gerieten, wenn sie die Schulden nicht an die Gläubiger zurückzahlen konnten, in Schuldknechtschaft. Diese Entwicklung sorgte für viel sozialen Zündstoff und führte in vielen Poleis zu Unruhen.

Delphi und Olympia

546 v. Chr. rüsteten die Perser zum Angriff auf das Königreich Lydien. Regiert wurde das Land zu dieser Zeit von Kroisos. So nannten ihn die Griechen, später erlangte er unter dem latinisierten Namen Krösus Berühmtheit. Kroisos galt als der reichste Mann seiner Zeit. Diesen Umstand verdankte er der Tatsache, dass er mit den Bodenschätzen

Das Orakel von Delphi auf einem kolorierten Holzstich von Heinrich Leutemann aus der Mitte des 19. Jahrhunderts

des Landes sowie Zöllen und Steuern ein Vermögen gemacht hatte. Doch nun sah er sich den expansiven Bestrebungen des Perserreiches ausgesetzt, das unter dem Großkönig Kyros II. bereits große Teile Asiens unterworfen hatte. Konnte Kroisos es wagen, sich mit den erfolgreichen Armeen der Perser zu messen? Zur Sicherheit schickte der König Boten nach Delphi, dem berühmten Orakelheiligtum zu Füßen des Parnassgebirges in der Landschaft Phokis. Delphi war eine Kultstätte des Gottes Apollon. Hier entschlüsselte ein Medium, Pythia genannt, die Äußerungen des Gottes und gab sie an die Ratsuchenden weiter, die in Scharen nach Delphi pilgerten. Natürlich waren die Auskünfte nicht kostenlos, es wurde erwartet, dass die Kunden spendabel waren, sowohl die Privatpersonen als auch und vor allem die Gesandten der Könige, Fürsten und Städte. Als nun die Delegation des Kroisos erschien, wurde die Pythia gefragt, ob der König den Halys überqueren solle, den Grenzfluss zwischen Lydien und dem Reich der Perser. Die Antwort lautete, wenn Kroisos den Halys überquere, würde er ein großes Reich zerstören. Ermutigt durch diese positive Nachricht, zogen die lydischen Armeen in den Krieg und wurden von den Persern vernichtend geschlagen. Das Königreich Lydien wurde Teil des persischen Imperiums.

Noch einmal erschienen Gesandte in Delphi und beklagten sich über die falsche Auskunft. Falsch? Die Priester in Delphi erklärten, die Lyder hätten den Spruch nicht richtig verstanden. Selbstverständlich habe man sagen wollen, dass beim Überschreiten des Halys Kroisos sein eigenes Reich und nicht das der Perser zerstören würde.

Diese Geschichte ist nicht frei von anekdotenhaften Zügen, unterstreicht aber die herausragende Rolle, die Delphi als Kult- und Orakelstätte spielte. Ab 582 v. Chr. fanden hier zudem die »Pythischen Spiele« statt, bei denen erst musische, dann auch sportliche Wettkämpfe ausgetragen wurden. Delphi entwickelte sich auf diese Weise zu einer gemeinsamen Anlaufstelle für die Griechen, die sich durch die Entstehung der Poleis politisch voneinander entfremdet hatten. Orakel und Kultstätte trugen so zu einer gesamtgriechischen Identität bei. Wie der Fall Kroisos beweist, haben aber auch Nichtgriechen – also »Barbaren« in der Terminologie der sehr von sich selbst überzeugten Griechen – den heiligen Ort ausgiebig besucht.

Eine ähnliche Funktion wie Delphi hatte Olympia. Hier befand sich ein Heiligtum des obersten Gottes Zeus, das für viele Griechen ein wichtiger Ort der kultischen Verehrung war. Mehr noch aber wurden die Menschen von den Spielen angezogen, von denen bereits für das Jahr 776 v. Chr. die erste Siegerliste vorliegt. Bei den Olympischen Spielen maßen alle vier Jahre junge, meist adlige Männer ihre Kräfte im sportlichen Wettkampf. Wer siegte, wurde über Generationen verehrt. Eine Mär ist die noch heute kursierende Vorstellung vom »Olympischen Frieden«. Wenn in Olympia gekämpft wurde, bedeutete dies nicht, dass in dieser Zeit alle Auseinandersetzungen ruhten. Garantiert wurde Athleten und Zuschauern lediglich die Sicherheit der An- und Abreise.

In welchem Ausmaß Olympia eine Institution für alle Griechen darstellte, beweist die Tatsache, dass man die allgemeine Datierung am Rhythmus der Spiele orientierte. Jede griechische Polis hatte ihren eigenen Kalender, doch alle richteten sich darüber hinaus nach der Zählweise der »Olympiaden«, wie ein Zeitraum von vier Jahren bezeichnet wurde. Das Jahr 776 v. Chr. war das erste Jahr der ersten Olympiade, 775 das zweite, 774 das dritte, 773 das vierte. 772 v. Chr. begann dann die zweite Olympiade.

Spartas Aufstieg

Zu Beginn des 2. Jahrhunderts n. Chr. schrieb der griechische Schriftsteller Plutarch Biografien berühmter historischer Persönlichkeiten. Dabei parallelisierte er jeweils das Leben eines Griechen mit dem eines Römers. Ein Paar bildeten der Spartaner Lykurg und der Römer Numa Pompilius, als Nachfolger des Romulus zweiter König von Rom. Lykurgs Biografie zu schreiben war, wie Plutarch betont, keine dankbare Aufgabe:

»Über den Gesetzgeber Lykurg lässt sich überhaupt nichts sagen, was nicht umstritten wäre. Über seine Herkunft, seine Reisen, seinen Tod und dazu über sein Wirken für die Gesetze und die Verfassung laufen einander widersprechende Erzählungen um. Am wenigsten aber stimmen sie in Bezug auf die Zeit überein, in der dieser Mensch gelebt hat.«

Man darf aus heutiger Sicht sogar skeptisch sein, ob die viel bewunderte Lichtgestalt der Geschichte Spartas überhaupt gelebt hat und nicht vielmehr Produkt späterer Erzählungen gewesen ist, die – typisch für die Griechen – den Aufstieg Spartas und seine politische Ordnung mit einer einzigen, kreativen Führungsgestalt in Verbindung bringen. Und so darf man davon ausgehen, dass die spartanische Verfassung das Ergebnis einer längeren Entwicklung gewesen ist.

Sparta war die erste Großmacht auf griechischem Boden nach den Minoern und den Mykenern. Um 900 v. Chr. entstand die Stadt auf der südlichen Peloponnes aus dem Zusammenschluss kleinerer dorischer Siedlungen. Von Anfang an präsentierte sich Sparta als ein Kriegerstaat. Der Grund waren ständige Auseinandersetzungen mit den Messeniern, deren Land die Spartaner besetzt hatten. Sie degradierten

Lykurg

Gesetzgeber in Sparta

INFO

Über Lykurg schreiben die antiken Autoren so widersprüchlich, dass man kaum an seine reale Existenz glauben mag. So changiert die Zuordnung seiner Lebensdaten zwischen dem 11. und dem 8. Jahrhundert v. Chr. Die Rede ist von Reisen nach Kreta, Ägypten und Ionien, was zum Standardrepertoire Intellektueller gehörte. Nach Beendigung seiner gesetzgeberischen Tätigkeit in Sparta soll er nach Delphi gereist sein und dort Selbstmord begangen haben. Auch diese Art von Tod ist ein Topos, den die Antike häufig mit bedeutenden Persönlichkeiten verband.

die Eroberten zu Heloten, zu rechtlosen Staatssklaven. Wiederholt kam es zu Aufständen der Heloten, denen die Spartaner mit Härte begegneten. Um gegen diese Widerstände gewappnet zu sein, unterzogen sie die jungen Leute schon von Kindheit an einer intensiven militärischen Ausbildung. Das Ergebnis war eine bestens trainierte Bürgerarmee, die dafür verantwortlich war, dass Sparta im Laufe des 7. und 6. Jahrhunderts nicht nur die Aufstände der Messenier niederwerfen konnte, sondern auch zur Vormacht auf der Peloponnes wurde.

Von der Verfassung her war der spartanische Staat eine Adelsherrschaft. Eine schmale Elite herrschte über die Masse der Bevölkerung. Privilegiert waren die etwa 9000 Spartiaten, die als Einzige im Staat über alle politischen Rechte verfügten. Daneben gab es die Periöken, »Umwohner«, die persönlich frei waren, jedoch nicht am politischen Leben partizipieren durften. Die dritte Gruppe bildeten die Heloten, die die Güter der Spartiaten zu bewirtschaften hatten und darüber hinaus keinerlei Anteil an Politik und Gesellschaft hatten.

Aristokraten und Tyrannen

Härte und Disziplin waren die Mittel, mit denen es den Spartiaten gelang, die Kontrolle über den spartanischen Staat zu gewinnen und zu sichern. In anderen Poleis gestalteten sich die Verhältnisse in archaischer Zeit weniger stabil. Interne politische Rivalitäten zwischen den Adligen waren daher an der Tagesordnung. Zusätzlicher Konfliktstoff ergab sich aus sozialen und wirtschaftlichen Schwierigkeiten. Für diese waren die Einführung der Geldwirtschaft, die viele Bauern an die Armutsgrenze brachte, aber auch die ungleiche Verteilung der durch Handel erworbenen Reichtümer verantwortlich.

Die Unruhen mündeten in vielen Stadtstaaten in eine Tyrannis. Heute versteht man unter einem Tyrannen einen Gewaltherrscher. Für die Griechen war ein Tyrann jedoch ein Aristokrat, der sich unter Umgehung der gesetzlichen Bestimmungen an die Spitze des Staates stellte. Die Stützen seiner Macht bildeten zum einen gut bezahlte Söldner, zum anderen das Volk, das er durch eine prächtige Baupolitik, ehrgeizige Kulturprojekte und vor allem durch Geschenke und Zuwendungen auf seine Seite brachte. So waren die Tyrannen beim Volk außerordentlich populär und konnten sich in der Regel sehr lange an der Macht halten.

In der reichen Handelsstadt Korinth erhob sich um 657 v. Chr. der Adlige Kypselos zum Tyrannen, nachdem er eine bis dahin führende Oligarchendynastie abgelöst hatte. Er regierte so erfolgreich, dass nach seinem Tod sein Sohn Periandros die Herrschaft übernahm und diese fast 40 Jahre lang ausübte. In dieser Zeit erlebte Korinth eine wirtschaftliche Blüte. Die Schiffe der Handelsflotte waren zwischen Spanien und Ägypten unterwegs. Kypselos fasste als Erster den Plan, den Isthmus von Korinth zu durchstechen und damit die Schifffahrtsrouten erheblich zu verkürzen. Realisiert wurde dieses Projekt allerdings erst am Ende des 19. Jahrhunderts.

In Athen kam 561 v. Chr. ein Adliger namens Peisistratos an die Macht. Zwischenzeitlich von aristokratischen Konkurrenten vertrieben, ergriff er mit Hilfe

Solon
(ca. 640–560 v. Chr.)

Athenischer Reformer und Gesetzgeber

Solon gehört zu den bekanntesten Persönlichkeiten der archaischen Zeit. Er stammte aus einer Adelsfamilie in Athen. 594 v. Chr. beriefen ihn seine Standesgenossen als Schlichter bei den heftigen Auseinandersetzungen, die damals zwischen Adel und Volk tobten. Im Ergebnis setzte Solon eine umfassende Reform von Staat und Gesellschaft durch. Wichtigste Maßnahmen waren die Aufhebung der Schuldknechtschaft und die Einrichtung der Timokratie. Dabei handelte es sich um eine Verfassungsform, bei der nicht die Herkunft, sondern das Vermögen Maßstab für politische Partizipation war. Die Timokratie war ein wichtiger Schritt auf dem Weg zur Demokratie. Auch als Dichter ist Solon hervorgetreten. Er nutzte seine Elegien dazu, für Recht und Gesetz zu werben. Nicht zuletzt deswegen wurde er zu den »Sieben Weisen« gerechnet, einer Gruppe von Persönlichkeiten der Zeit, denen man besondere Weisheit zuschrieb.

auswärtiger Söldner wieder die Herrschaft. Nach seinem Tod 527 v. Chr. übernahmen seine Söhne Hippias und Hipparchos die Nachfolge. Der Sturz des Hippias 510 v. Chr. war ein Meilenstein auf dem Weg zur athenischen Demokratie.

Auf der Insel Samos installierte 540 v. Chr. der Aristokrat Polykrates eine Tyrannis, zunächst gemeinsam mit seinen beiden Brüdern. Doch den einen schickte er ins Exil, den anderen tötete er. Unter Polykrates' Regie wurde Samos zu einer der führenden Wirtschaftsmächte im östlichen Mittelmeerraum, wobei die Grenze zwischen Handel und Piraterie fließend war. In typisch tyrannischer Manier nutzte er seinen Reichtum zu einem Leben im Luxus, trat darüber hinaus aber auch als großzügiger Förderer von Kunst und Wissenschaften hervor. Das Ende seiner Herrschaft kam mit dem Aufstieg der Perser. 522 v. Chr. wurde er auf Veranlassung eines persischen Statthalters ans Kreuz geschlagen. Mit der Ballade *Der Ring des Polykrates*, die auf einer Erzählung Herodots beruht, hat Friedrich Schiller den Tyrannen von Samos literarisch unsterblich gemacht.

DAS KLASSISCHE GRIECHENLAND

Große Kriege markieren den Anfang und das Ende der Periode, die man als die klassische Zeit Griechenlands bezeichnet. Sie begann mit einer langwierigen Auseinandersetzung der Griechen mit den Persern und endete mit einem 27-jährigen Krieg zwischen den griechischen Großmächten Athen und Sparta, der als Peloponnesischer Krieg in die Geschichte eingegangen ist. Dazwischen lag als politischer Höhepunkt die Entwicklung und Vollendung der Demokratie in Athen. Das 5. Jahrhundert v. Chr. ist zudem das Zeitalter, in dem die Griechen Höchstleistungen auf den Gebieten der Kunst und der Architektur erbrachten. In der ersten Hälfte des 4. Jahrhunderts v. Chr. vollzog sich mit dem Aufstieg des Königreiches Makedonien ein, wie sich zeigen sollte, nachhaltiger Wandel der machtpolitischen Verhältnisse.

Die Perserkriege

Im Jahre 500 v. Chr. begann in der Stadt Milet der Ionische Aufstand. Protagonist war ein Adliger namens Aristagoras. Als Ziel gab er die Freiheit von der persischen Herrschaft aus. Doch trieben ihn auch persönliche Motive an, denn zuvor hatte er in seiner Heimatstadt viel politischen Kredit verloren und suchte nun nach einer Gelegenheit, sich zu rehabilitieren. In der Folge kam es zu einer Serie von Kriegen zwischen Griechen und Persern, die für den weiteren Verlauf der griechischen Geschichte von entscheidender Bedeutung gewesen sind.

Ausschnitt aus einem glasierten Ziegelfries mit einer Prozession von Bogenschützen in Lebensgröße. Das um 515 v. Chr. entstandene Fries zierte den Palast Dareios' I. in Susa.

Die von dem persischen Großkönig Kyros II. eingeleitete Expansionspolitik war von seinen Nachfolgern Kambyses und Dareios I. konsequent weiterbetrieben worden. Als der Ionische Aufstand ausbrach, herrschte der in Susa residierende Dareios I. über ein Gebiet, das sich vom Indus bis zum Mittelmeer erstreckte. Die ionischen Griechenstädte an der Westküste Kleinasiens waren nach dem Sieg des Kyros über den Lyderkönig Kroisos unter persischen Einfluss geraten. In vielen Städten hatten die Besatzer willfährige Helfer und Kollaborateure als Statthalter eingesetzt.

Auch Aristagoras verdankte seine Funktion als führender Politiker in Milet den Persern. Als er wegen dieser Verbindung intern in Bedrängnis geriet, rief er die Ionier zu den Waffen und vergaß nicht, mit der Parole »Freiheit für die Griechen« davon abzulenken, dass der Aufstand für ihn eher ein persönlicher Befreiungsschlag sein sollte.

Der Aufstand entwickelte sich rasch zu einem Flächenbrand, denn die meisten Städte Kleinasiens schlossen sich an. Hilfe aus dem griechischen Mutterland blieb jedoch aus. Hier hielt man es nicht für ratsam, sich mit dem scheinbar übermächtigen Nachbarn im Osten anzulegen. Schließlich hatte die persische Armee in den Jahrzehnten zuvor bewiesen, dass sie allen Gegnern überlegen war. Sparta, zu diesem Zeitpunkt die stärkste Macht in Griechenland, beschränkte sich auf die Rolle des wohlwollenden Zuschauers und war auch deswegen nicht bereit zu helfen, weil man als traditionelle Landmacht über keine nennenswerte Flotte verfügte.

Nur Athen und Eretria schickten ein paar Schiffe nach Kleinasien, was jedoch mehr eine symbolische Geste der Verbundenheit als eine wirklich effiziente Hilfe darstellte. Erwartungsgemäß konnten sie nicht verhindern, dass der Aufstand nach einer energischen Offensive der Perser zusammenbrach. Die Niederlage einer ionischen Flotte bei der Milet vorgelagerten Insel Lade brachte nach vier Jahren Aufstand eine Vorentscheidung. Mit der kompletten Zerstörung von Milet im Jahre 494 v. Chr. endete der Aufstand. Unmittelbare Folge war ein persisches Strafgericht über die Menschen, die es gewagt hatten, dem Großkönig die Stirn zu bieten. Herodot berichtet:

»Als die Perser wieder Herren der Städte waren, wählten sie die schönsten jungen Männer aus, entmannten sie und machten sie von Männern zu Eunuchen. Die schönsten Mädchen aber verschleppten sie zum König.«

Aristagoras fand keine Aufnahme in der ewigen Ruhmeshalle der Griechen. Als die Perser Milet ins Visier nahmen, hatte er die Stadt fluchtartig verlassen. Mit Kolonisten ließ er sich in Thrakien nieder, wo er bereits 497 v. Chr. den Tod fand.

Aus Sicht der Perser war der Aufstand der Griechen in Ionien eine Provokation gewesen. Auch um andere Völker in seinem Riesenreich von vergleichbaren Taten abzuhalten, beschloss Dareios I., neben der Zerstörung von Milet ein weiteres Exempel zu statuieren. Dabei war eine von vielen Griechen im Mutterland und auf den Inseln befürchtete militärische Operation nicht einmal die erste Option des Großkönigs.

Vielmehr schickte er 491 v. Chr. Herolde in alle Städte, mit dem Auftrag, »für den Großkönig Erde und Wasser zu fordern«. In der imperialen Symbolsprache der Perser bedeutete dies konkret: Die Stadtstaaten sollten sich freiwillig unterwerfen und den persischen König als ihren Herrscher anerkennen. Viele kamen der Aufforderung nach, andere, wie die Spartaner, weigerten sich.

Der persische Großkönig war zwar mächtig. Doch lebte er auch unter dem ständigen Druck, erfolgreich sein zu müssen. Gegenüber dem selbstbewussten iranischen Adel war dies eine Art von Lebensversicherung. So fasste Dareios I. 490 v. Chr. den kühnen Plan, eine Flottenexpedition Richtung Griechenland zu starten. Offizielle Begründung – denn auch schon damals suchte man bereits nach Kriegsgründen, um solche Unternehmungen zu rechtfertigen – waren die Schiffe, die Athen und Eretria während des Ionischen Aufstandes geschickt hatten. Tatsächlich hatte Dareios I. wohl nicht vor, ganz Griechenland zu unterwerfen. Sein Ziel war es, den Athenern eine Lektion zu erteilen und zugleich den persischen Herrschaftsanspruch zu untermauern.

Auf Anraten des Hippias, des ehemaligen Tyrannen von Athen, der nach seinem Sturz zu den Persern geflohen war und nun hoffte, von ihnen wieder als Machthaber eingesetzt zu werden, landete die persische Flotte unter dem Kommando der bewährten Generäle Datis und Artaphernes im Spätsommer 490 v. Chr. in der Ebene von Marathon, im Nordosten von Attika. Zuvor hatten die Perser Insel für Insel unterworfen. Die Bewohner von Eretria waren nach Asien deportiert worden. Die Athener ahnten, welches Schicksal ihnen drohte.

Völlig überraschend aber endete die Schlacht von Marathon mit einem kompletten Triumph der Athener. Held des Tages war Miltiades. Aus den Erfahrungen heraus, die er als athenischer Unterstützer des Ionischen Aufstandes hatte sammeln können, propagierte er in Athen einen harten antipersischen Kurs. Das war angesichts einer verbreiteten Stimmung, besser mit den Persern zu kooperieren, als von ihnen besiegt und bestraft zu werden, keine Selbstverständlichkeit. Miltiades erreichte, dass die Athener ein Heer ausrüsteten. Ausschlaggebend für den Sieg der Athener war, dass die mobilen Bogenschützen der Perser den in geschlossenen Reihen angetretenen athenischen Kämpfern (den Hopliten)

Die Legende vom Marathonläufer inspiriert Künstler seit über 2000 Jahren. Hier die Bronzestatue »Der Siegesbote von Marathon« von Max Kruse aus dem Jahre 1884

Heute erinnert an den Thermopylen ein Denkmal an die Schlacht von 480 v. Chr. Es wird gekrönt von einer Statue Leonidas' I. von G. Dousmanis aus dem Jahr 1955.

nichts entgegensetzen konnten. So siegten 9000 Athener über eine doppelt so große Zahl von Gegnern. 6000 Perser kamen bei Marathon ums Leben, aufseiten der Athener waren nur 192 Opfer zu beklagen. Der Versuch des Datis, den Rest der Flotte um Kap Sunion herum nach Athen zu dirigieren, scheiterte, weil die Kämpfer von Marathon bereits im Laufschritt die Stadt erreicht hatten, wo sie die konsternierten Perser erneut in Empfang nahmen.

Erfunden ist die berühmte Geschichte vom Marathonläufer, der nach dem Sieg über die Perser die über 42 Kilometer lange Strecke nach Athen gelaufen sein soll, um dort auf dem Marktplatz zu verkünden, man habe gesiegt, woraufhin er tot zusammenbrach. Hintergrund dieser Legende ist die wahre Geschichte von dem professionellen Schnellläufer Pheidippides, den die Athener vor der Schlacht von Marathon mit einem Hilfegesuch im Gepäck nach Sparta schickten. Der rasende Bote legte die 245 Kilometer lange Strecke in zwei Tagen zurück, erhielt jedoch die wenig aufbauende Antwort, dass die Spartaner wegen eines religiösen Festes die Stadt nicht verlassen dürften. Später formten die Griechen daraus die Legende des Marathonläufers.

Die Schlacht bei Marathon war, wie es sich zeigen sollte, nicht der Abschluss, sondern der eigentliche Auftakt der Perserkriege. In Athen war man sicher, dass die Perser alles daransetzen würden, sich für die Niederlage zu revanchieren. Deswegen ließ Themistokles, der neue starke Mann der athenischen Politik, die Stadt und den Hafen von Piräus in eine Festung verwandeln. Auch initiierte er ein groß angelegtes Flottenbauprogramm, das er aus den üppigen Einkünften der Silberbergwerke von Laureion im südlichen Attika finanzierte.

Nach dem Tod des persischen Großkönigs Dareios I. 486 v. Chr. blieb es seinem Sohn und Nachfolger Xerxes überlassen, einen neuerlichen Feldzug zu starten, bei dem es sowohl um Rache als auch um Prestige und Einfluss ging. Eine komplette Eroberung Griechenlands bis zur Adria oder sogar noch weiterer Teile Europas war eine Option, stand aber nicht ganz oben auf der Agenda der Perser, auch wenn dies in modernen Darstellungen gelegentlich behauptet wird. Jedoch sprechen die Größe des Heeres sowie die persönliche Teilnahme des Königs an dem Feldzug dafür, dass für die Perser nach Marathon ein Sieg absolute Pflicht war. Vor allem ging es darum, Athen in die Schranken zu weisen. Bei dem anvisierten Erfolg sollte die Stadt unterworfen und ins persische Reich integriert werden. Vielleicht spukte sogar die Idee im Kopf des Xerxes herum, nach der erwarteten erfolgreichen Invasion Griechenlands noch weitere Ziele im Westen ins Visier zu nehmen. Sollte dies so gewesen sein, so wurde darüber jedoch nicht offen gesprochen. Schließlich sollte die Messlatte nicht zu hoch gelegt werden, schon um dem notorisch argwöhnischen iranischen Adel bei einem möglichen Scheitern keinen Anlass zu Kritik oder gar Ungehorsam zu geben.

Der Angriff der Perser, der im Frühjahr 480 v. Chr. mit der Überquerung der Dardanellen begann, hatte aufseiten der Griechen den erstaunlichen Effekt, dass man alle Eitelkeiten und alle Rivalitäten zwischen den Stadtstaaten vergaß und sich auf ein gemeinsames Abwehrkonzept einigte. Man rief ein Kampfbündnis (Symmachie) ins Leben, mit Sparta an der Spitze, Athen als Juniorpartner und einer Reihe anderer Städte, die das Bündnis mit weiteren Kämpfern versorgten.

Die Perser näherten sich mit ihrer 100 000-Mann-Armee, von Norden kommend, in einem kombinierten Vormarsch zu Lande und zur See. Am engen Thermopylen-Pass erlangten 300 Spartaner – und, wie man nicht vergessen darf, Kämpfer aus anderen griechischen Staaten – unsterblichen Ruhm: Denn unter dem Kommando des Leonidas I. gelang es ihnen, die Offensive des Xerxes so lange aufzuhalten, bis sich die restlichen Truppen der Griechen Richtung Süden in Sicherheit gebracht hatten. Dann aber gelang es den Persern, die Spartaner zu stellen. Alle wurden getötet. Berühmt wurde ein Epigramm, das auf den zeitgenössischen Dichter Simonides zurückgeht und das Friedrich Schiller 1795 in die klassischen Worte fasste:

»Wanderer, kommst du nach Sparta, verkündige dorten, du habest uns hier liegen gesehn, wie das Gesetz es befahl.«

Der Vormarsch der Perser in den folgenden Monaten war ein einziger Siegeszug. Xerxes erreichte Athen, dessen Bevölkerung man vorsorglich evakuiert hatte. Auf seinen Befehl hin zerstörten die Perser die Bauten auf der Akropolis. Doch die Griechen überließen den ungebetenen Gästen nicht freiwillig das Feld. Vielmehr hatte Themistokles einen Plan entwickelt, um die Gegner zu besiegen. Er setzte voll und ganz auf die Flotte, die er in den Monaten zuvor aufgebaut hatte. Die schweren Schiffe der Perser wurden, wie es heißt, mit einer List in die enge, vor Athen gelegene Bucht von Salamis gelockt. Vor den Augen des Königs errangen die Athener im Frühherbst 480 v. Chr. mit ihren 400 Schiffen einen vollständigen Sieg. Xerxes kehrte nach Kleinasien zurück, die weitere Kriegführung überließ er seinem General Mardonios. Doch im Frühjahr 479 v. Chr. siegten die Griechen in der Landschlacht von Plataiai in Böotien erneut. Als im selben Jahr vor dem Kap Mykale an der kleinasiatischen Westküste die persische Flotte ein zweites Mal bezwungen wurde, waren die Perserkriege, die mit dem Ionischen Aufstand 21 Jahre zuvor begonnen hatten, beendet.

Griechenland hatte seine Freiheit bewahrt. Das Thema Perser aber war, wie es sich in der Folgezeit zeigte, für die Griechen noch längst nicht erledigt. Denn am Hof im fernen Susa entwickelte man als Konsequenz aus der Niederlage eine neue Strategie: Statt eines direkten militärischen Engagements sollte viel Geld nach Griechenland fließen, um die innergriechischen Rivalitäten zu begünstigen, die man in den zurückliegenden Kriegen zugunsten der gemeinsamen Sache einstweilen beendet hatte.

Herodot
(ca. 485–424 v. Chr.)

Griechischer Geschichtsschreiber

Pater historiae, »Vater der Geschichtsschreibung«,
wurde Herodot von dem Römer Cicero genannt. Geboren
an der Südwestküste Kleinasiens im heutigen Bodrum, war
Herodot der erste Historiker in dem Sinne, dass er die Überlieferung kritisch prüfte, viele Reisen an die Schauplätze der
historischen Ereignisse unternahm und nach ihren Ursachen
und Zusammenhängen fragte. Thema seines Geschichts-
werkes waren die Kriege der Griechen gegen die Perser
zu Beginn des 5. Jahrhunderts v. Chr. Dabei konzentrierte er sich nicht allein auf die politischen und
militärischen Vorgänge, sondern interessierte sich auch für Alltag, Kultur und
Religion.

Die Demokratie in Athen

Die Griechen, die gegen die Perser kämpften, wurden in ihren jeweiligen Stadtstaaten von Aristokraten regiert. Die einzige Ausnahme bildeten die Athener, die
zu dieser Zeit bereits über eine Demokratie verfügten. Es herrschte nicht der Adel,
sondern das Volk. Auch wenn von den etwa 300 000 Bewohnern der Polis Athen
nur etwa zehn Prozent vollen Anteil an den demokratischen Rechten hatte, war
das ein großer Fortschritt gegenüber dem, was ansonsten bei den Griechen politisch üblich war. Denn in den aristokratisch organisierten Poleis wie Sparta, Korinth, Argos und all den anderen Stadtstaaten bestimmte eine schmale Elite die
Politik, und dies nicht aufgrund irgendwelcher Verdienste, sondern aufgrund er-
erbter Privilegien. Ganz zu schweigen von den zeitweilig herrschenden Tyrannen
oder den Monarchen, die, wie in Makedonien, aus eigener Machtvollkommenheit
heraus herrschten.

Niemals zuvor hatte es in der Antike eine breitere Basis der politisch aktiven Bürger gegeben als im demokratischen Athen. Doch waren viele Menschen, die in der Polis Athen lebten, von der politischen Partizipation ausgeschlossen. Dabei handelte es sich um Frauen, Sklaven, ehemalige Sklaven, denen man die Freiheit gegeben hatte, und dauerhaft ortsansässige Fremde.

In den griechischen Stadtstaaten gab es prinzipiell identische politische Institutionen. Sowohl Sparta, der Hort der Oligarchie, als auch Athen, das Schaufenster der Demokratie, verfügten über eine Volksversammlung, einen Rat und Magistrate. Der Unterschied bestand darin, dass in Sparta die Adligen all diese Gremien dominierten, das Volk hatte in der Volksversammlung nicht viel zu sagen. Es hatte in der Apella, wie das Gremium hier genannt wurde, nur die Funktion eines Akklamationsorgans. Die wichtigsten Beschlüsse wurden im Rat, der Gerusia, gefällt, wo die Häupter der adligen Familien saßen. An der Spitze des Staates standen gemeinsam zwei Könige. Dies war ein Relikt aus Spartas Anfängen, als zwei Familien die Führung beansprucht hatten und man salomonisch jeweils einen Angehörigen dieser beiden Clans als Könige hatte herrschen lassen.

In Athen hingegen konnte jeder männliche Vollbürger, der mindestens 18 Jahre alt war, sich um einen Sitz im Rat, der sogenannten Bule, bewerben. Genauso hatte sein Votum in der Ekklesia, wie die Athener die Volksversammlung bezeichneten,

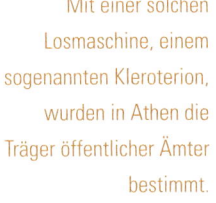

Mit einer solchen Losmaschine, einem sogenannten Kleroterion, wurden in Athen die Träger öffentlicher Ämter bestimmt.

Gewicht. Jede Stimme zählte, und so waren die Bürger direkt an den Entscheidungen, die man hier fällte, beteiligt – sei es bei Abstimmungen über Gesetze, über Krieg und Frieden oder bei den Wahlen der politischen Funktionsträger. Die athenische Demokratie war eine direkte Demokratie.

Auch das Gerichtswesen wollten die Athener nicht einer professionellen Justiz, sondern den Bürgern selbst überlassen. So wurden aus der Zahl der Bewerber so viele Kandidaten ausgelost, wie Stellen zu besetzen waren. Dahinter standen zwei Überlegungen: Im Los glaubte man den Willen der Götter zu erkennen, und man wollte sachfremde Kriterien der Entscheidung ausschalten. Bei einer Wahl, so fürchtete man, würden Aspekte wie emotionale Bindung oder Abhängigkeit zum Schaden des Staates zum Tragen kommen.

Nur bei den Strategen machte man eine Ausnahme. Bei diesen handelte es sich um ein Gremium von zehn Funktionsträgern, deren Aufgabenbereich das Militärwesen war. Die Strategen wurden von der Volksversammlung gewählt, weil selbst dem extremsten Demokraten die Vorstellung, einen ausgelosten, in militärischen Angelegenheiten möglicherweise völlig unerfahrenen Bürger an die Spitze eines Heeres zu stellen, Unbehagen bereitete. Als strikt demokratisch galt weiterhin das Prinzip, die Amtszeit der Mandatsträger auf ein Jahr zu begrenzen. Allerdings war eine anschließende Wiederwahl möglich.

Die Demokratie war die Verfassungsform Athens in klassischer Zeit. Entwickelt aber hatte sie sich bereits in der archaischen Epoche. Wie die anderen griechischen Stadtstaaten wurde Athen damals zunächst von einer Adelsschicht regiert. Die wirtschaftlichen und sozialen Schwierigkeiten, unter denen in dieser Phase die meisten Stadtstaaten litten, machten sich auch in Athen bemerkbar. Um die Situation zu beruhigen, veröffentlichte man 621 v. Chr. die geltenden Gesetze. Damit wurde willkürlicher Rechtsprechung der adligen Richter ein Riegel vorgeschoben. Anfang des 6. Jahrhunderts v. Chr. ebneten die Reformen Solons einer weiteren Demokratisierung den Weg, indem nun nicht mehr die Herkunft, sondern das Vermögen als Kriterium für politische Partizipation diente. Dabei war es Solon allerdings vorrangig darum gegangen, die sozialen Gegensätze durch Zugeständnisse vonseiten des Adels zu mildern.

Den entscheidenden Schritt vollzog 509 v. Chr. Kleisthenes aus der vornehmen Familie der Alkmaioniden. Um einen rivalisierenden Adelsclan auszuschalten, versprach er dem Volk für seine Unterstützung weitreichende politische Rechte. Nachdem er gesiegt hatte, hielt er sein Versprechen ein und nahm umfassende Reformen vor. Das Gebiet von Attika wurde in zehn Bezirke, die Phylen, unterteilt, die je 50 Vertreter für einen Rat der 500 und Vertreter für die Volksversammlung stellten. Über Untergliederungen der Phylen war jeder über 18-jährige attische Bürger nun Teil des politischen Systems und der Einfluss des Adels und seiner Netzwerke damit verringert.

Im 5. Jahrhundert v. Chr. folgte die Vollendung der Demokratie. Die Athener waren seit Solons Zeiten gemäß ihrem Vermögen in vier Zensusklassen eingeteilt. Die unterste Klasse bildeten die Theten, meist Kleinbauern, Tagelöhner und Saisonarbeiter. Bis zu den Perserkriegen hatten sie zwar bereits Stimmrecht in der Volksversammlung, der Zugang zu den Ämtern blieb ihnen aber versperrt. In den Seeschlachten gegen die Perser aber saßen vor allem Theten an den Rudern. Daraus leiteten sie den Anspruch auf mehr politische Rechte ab, die ihnen auch gewährt wurden. Den Schlusspunkt auf dem Weg zur Demokratie setzten die Politiker Ephialtes und Perikles. Im Jahre 462 v. Chr. entzogen sie dem Areopag, dem auf dem Areshügel in Athen tagenden alten Adelsrat, sämtliche verbliebenen Kompetenzen bis auf die Regelung unbedeutender sakraler Fragen. Stolz konnte Perikles, der nach der Mitte des 5. Jahrhunderts v. Chr. zum führenden Politiker innerhalb der athenischen Demokratie avancierte, verkünden:

»Die Verfassung, nach der wir leben, ist mit keiner der anderen zu vergleichen ... Mit Namen heißt sie, weil der Staat nicht auf wenige Bürger, sondern auf eine größere Zahl gestellt ist, Volksherrschaft ... Keiner wird aus Armut, wenn er für die Stadt etwas leisten kann, durch die Unscheinbarkeit seines Namens daran gehindert.«

Bei aller Glorifizierung hatte die Demokratie in Athen auch ihre Risiken und Schwächen. Kleisthenes hatte den Ostrakismos eingeführt. Bei diesem Scherbengericht (das griechische Wort *ostrakon* bedeutet »Scherbe«) hatte die Volksversammlung einmal im Jahr darüber zu befinden, ob es einen Politiker gebe, der nach der Tyrannis strebe. Dabei hatten die Anwesenden den Namen ihres Kandidaten auf einer Tonscherbe zu notieren. Wer nicht schreiben konnte, fand ohne Probleme jemanden, der half. Derjenige, auf den eine bestimmte Zahl von Stimmen fiel, hatte die Stadt für die Dauer von zehn Jahren zu verlassen. Diese an sich sinnvolle Maßnahme zum Schutz der Demokratie wurde im Laufe der Zeit aber mehr und mehr als Instrument politischer Rivalitäten missbraucht. So aktivierten einzelne Politiker ihre Klientel mit der

Anweisung, beim Scherbengericht den Namen eines lästigen Konkurrenten aufzuschreiben. Ende des 5. Jahrhunderts v. Chr. wurde der Ostrakismos dann eingestellt.

Ein anderes Problem war die fehlende Motivation vieler Bürger, ihren demokratischen Rechten und Pflichten nachzukommen. So herrschte in den Volksversammlungen nicht selten gähnende Leere. Ein Bauer, der weit von der Stadt entfernt in einer Grenzregion Attikas lebte, überlegte sich zweimal, ob er wegen der Regelung von Angelegenheiten, die ihn persönlich nicht betrafen, den langen Weg nach Athen antreten sollte. Man suchte nach Anreizen, um der Politikverdrossenheit zu begegnen, und fand sie in den Diäten. So nannte man die Tagegelder, die denjenigen gezahlt wurden, die zu den Versammlungen kamen. Die Höhe der Zuwendungen richtete sich nach dem Normalverdienst der Bürger.

Nicht nur konservative Adlige, sondern auch Intellektuelle wie der Philosoph Platon hielten die Demokratie für gefährlich, weil sie der Masse des Volkes nicht zutrauten, sachgerechte Entscheidungen zu fällen. Der einfache Bürger, so meinten die Kritiker, würde aus dem Bauch entscheiden und den Verführungen von Demagogen erliegen.

Ein dramatisches Ereignis schien den Skeptikern recht zu geben. Im Jahr 428 v. Chr. plante die Stadt Mytilene auf der Insel Lesbos den Abfall von Athen. In aufgewühlter Atmosphäre beschloss die Volksversammlung in Athen, zur Abschreckung alle Männer von Mytilene zu töten und die Frauen und Kinder in die Sklaverei zu schicken. Ein Schiff stach in See mit dem Auftrag, den Beschluss an die vor Lesbos lagernde Flotte weiterzugeben. Am nächsten Tag wurde die Angelegenheit erneut und diesmal sachlicher diskutiert, und nun kam man zu dem Ergebnis, dass der Beschluss vom Vortag zu hart sei. Eiligst wurde ein weiteres Schiff in Richtung Lesbos geschickt, um die Besatzung des Schiffes, das am Tag zuvor mit dem verhängnisvollen Votum im Gepäck nach Mytilene geschickt worden war, noch abzufangen. Gerade noch rechtzeitig konnte das erste Schiff gestoppt werden. Gleichwohl glaubten die Athener, ein Exempel statuieren zu müssen: 1000 Mytilener wurden getötet, dazu die Mauern der Stadt geschleift.

Diese Tonscherben tragen den Namen des Themistokles. Sie stammen aus einem Scherbengericht, infolge dessen der athenische Feldherr und Politiker 470 v. Chr. aus Athen verbannt wurde.

Perikles
(495/90–429 v. Chr.)

Griechischer Politiker und Feldherr

Perikles war in der Blütezeit Athens bis zum Peloponnesischen Krieg der einflussreichste Politiker der Stadt. Er stammte aus der alten Adelsfamilie der Alkmaioniden, profilierte sich aber gegenüber konservativen Kreisen als energischer Verfechter der Demokratie. Dabei kam ihm zugute, dass er einer der besten Redner in Athen war. Außenpolitisch setzte er auf Stärke und wollte Athens Führungsposition in der griechischen Welt sichern und erweitern. Seine Beziehung zu der aus Milet stammenden Aspasia, mit der er zusammenlebte, war unter seinen Zeitgenossen umstritten. Als sie wegen Gottlosigkeit und Kuppelei angeklagt wurde, erreichte Perikles ihren Freispruch. Seine defensive Haltung im Peloponnesischen Krieg trug ihm viel Kritik ein. 429 v. Chr. starb Perikles an der Pest.

Griechische Klassik: Blütezeit von Kunst und Kultur

Im 18. und 19. Jahrhundert mussten Freunde der Antike nicht lange zögern, um die Glanzzeit der Griechen zu benennen. Ihrer Ansicht nach erreichte die griechische Kultur ihre Blüte im 5. Jahrhundert v. Chr., und so adelten sie diese Phase als »Klassik«. Tatsächlich gab es in dieser Zeit auf den verschiedensten Gebieten herausragende Entwicklungen, und es wurden in Kunst, Literatur und Architektur Werke geschaffen, die bis heute als Meilensteine der europäischen Zivilisation gelten. Sie begründeten den Ruf der Griechen als führendes Kulturvolk der Antike.

Allerdings fielen diese Leistungen und Errungenschaften auch bei den Griechen nicht vom Himmel. Die Hellenen profitierten schon vor der klassischen Zeit von der Nähe zum Orient. Von hier kamen Impulse, die von den Griechen aufgenommen und weiterentwickelt wurden, etwa in Philosophie, Astronomie oder Mathematik.

Im 5. Jahrhundert v. Chr. avancierte Athen zur kulturellen Metropole Griechenlands. Die athenischen Politiker sahen in der Kunst ein Instrument, die Bedeutung der Stadt als Wiege der Demokratie und Zentrum einer Großmacht herauszustellen. Perikles initiierte den Wiederaufbau der in den Perserkriegen zerstörten Akropolis und übertrug die Oberaufsicht seinem Freund Phidias, einem der bedeutendsten Bildhauer der Antike. Dieser schuf zudem mit der Zeusstatue im Tempel von Olympia ein antikes Weltwunder. Der Bildhauer Polyklet beschäftigte sich in einer theoretischen Schrift mit den Idealmaßen des menschlichen Körpers und gestaltete entsprechend diesen Überlegungen seine Statuen. Auch die Vasenmalerei erlebte einen Höhepunkt und verschaffte den Künstlern volle Auftragsbücher.

Untrennbar mit der griechischen Klassik sind Theater und Literatur verbunden. Es entstanden Tragödien und Komödien, die bis heute nichts von ihrer Faszination verloren haben. Attische Tragiker wie Aischylos (ca. 525–456 v. Chr.), Sophokles (497–406 v. Chr.) und Euripides (485–406 v. Chr.) prägten das antike Theater ebenso wie der Komödiendichter Aristophanes (ca. 450 – nach 385 v. Chr.), der in seinen Stücken zeitgenössische politische Themen in parodistischer Weise aufgriff.

Die Philosophie des 5. Jahrhunderts v. Chr. richtete ihr Interesse vor allem auf den Menschen und den Staat. Kontrovers wurde das Wirken der Sophisten beurteilt. Diese Weisheitslehrer wanderten von Stadt zu Stadt und schulten den politischen Nachwuchs für Debatten, indem sie vermittelten, wie man einen Sachverhalt mit gleicher Überzeugungskraft sowohl positiv als auch negativ darstellen

Die vom Bildhauer Phidias um 435 v. Chr. geschaffene Zeusstatue im Tempel von Olympia auf einem altkolorierten Holzstich nach einer Zeichnung von Heinrich Leutemann aus der Mitte des 19. Jahrhunderts

Das 1787 entstandene Ölgemälde »Der Tod des Sokrates« von Jacques-Louis David zeigt den Philosophen, wie er den Schierlingsbecher in Empfang nimmt.

kann. Dies rief den Zorn angesehener Philosophen wie Sokrates hervor, die Philosophie als Suche nach Wahrheit und nicht bloß als rhetorische Übung verstanden. Auch rieben sie sich daran, dass die Sophisten für ihr Tun Geld verlangten.

Platon (427–347 v. Chr.), ein Schüler des Sokrates, gründete die Akademie in Athen und publizierte eine ganze Serie von Werken, unter denen die Schriften *Der Staat* und die *Nikomachische Ethik* die größte Wirkung entfalteten. An der Schwelle von klassischer zu hellenistischer Zeit profilierte sich der Platonschüler Aristoteles (384–322 v. Chr.) als das letzte große Universalgenie der Antike.

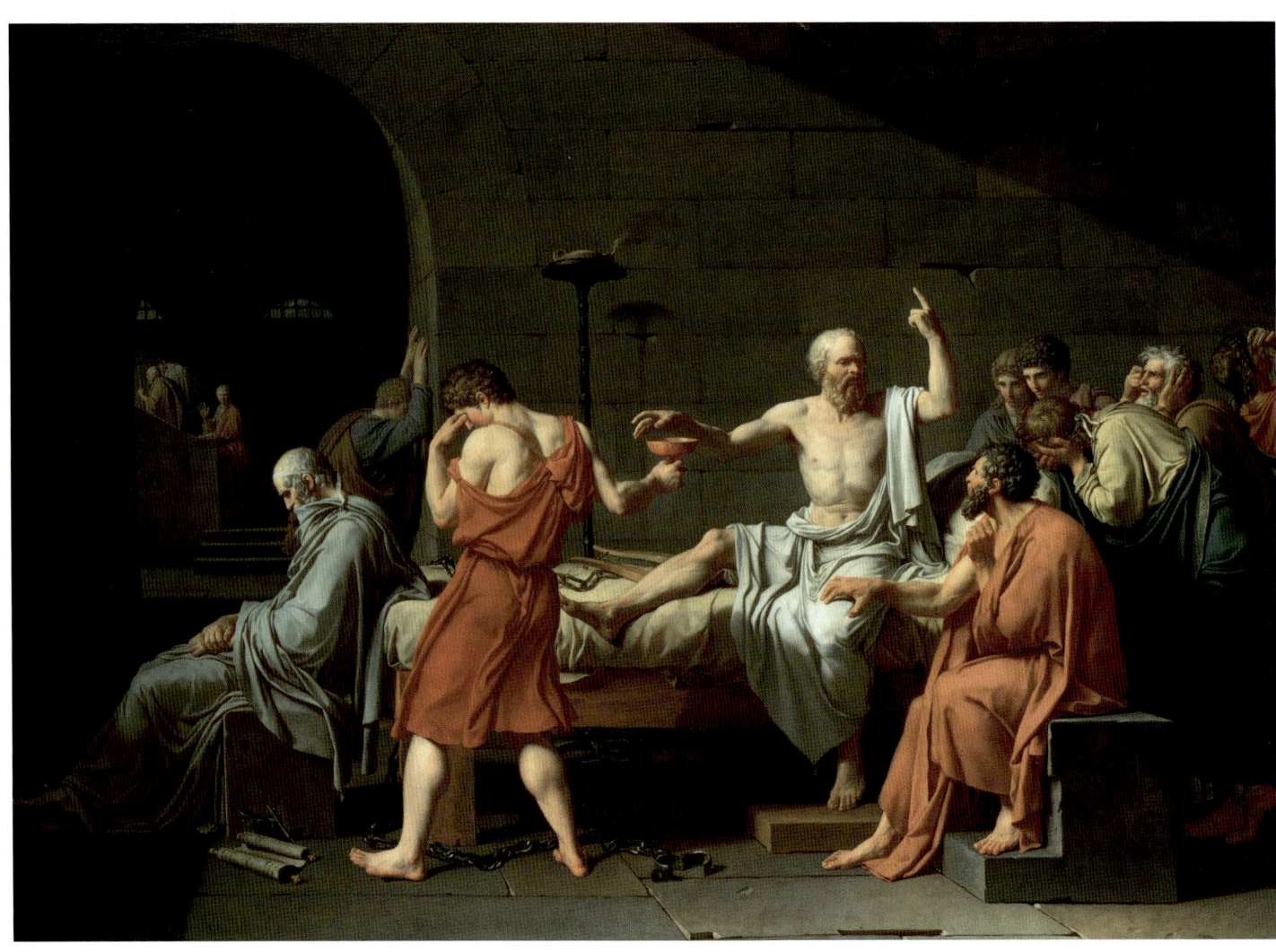

Sokrates
(469–399 v. Chr.)

Griechischer Philosoph

Sokrates, Sohn eines Bildhauers und einer Hebamme, hatte mit seiner Frau Xanthippe drei Söhne. Obwohl er die Gesetze der Polis befolgte und für seine Heimatstadt Athen Militärdienst leistete, führte Sokrates ein Leben fern der bürgerlichen Normalität. Seine Passion waren die Philosophie und die Pädagogik. Er wollte die Menschen zur Wahrheit und zur Erkenntnis führen. Zu diesem Zweck verwickelte er sie auf den Märkten und Plätzen der Stadt in Gespräche, in deren Verlauf er ihnen durch gezieltes Nachfragen half, selbst Antworten auf ihre eigenen Fragen zu finden. Dahinter stand die Überzeugung von der Erziehbarkeit des Menschen zur Tugend. Schriftliches hat Sokrates nichts hinterlassen. Was wir über ihn wissen, stammt vor allem aus den Werken seines berühmten Schülers Platon. 399 v. Chr. wurde Sokrates von einem Gericht in Athen wegen »Verführung der Jugend« und »Gottlosigkeit« zum Tode verurteilt. Er starb, indem er den Schierlingsbecher trank.

Ein antiker Weltkrieg: der Peloponnesische Krieg

Gegen die Perser hatten die von Sparta und Athen geführten Griechen gemeinsam gekämpft. 50 Jahre später stürzten sich die einstigen Partner in einen Krieg Griechen gegen Griechen. Man bezeichnet diese Auseinandersetzung allgemein als den Peloponnesischen Krieg. Dieser Name ist insofern irreführend, als der Krieg sich nicht nur auf die Peloponnes beschränkte. Die Schauplätze reichten von Kleinasien bis nach Sizilien. Es gab so gut wie keine griechische Landschaft oder Stadt, die von dem Geschehen nicht betroffen wurde. Nicht zu Unrecht sprechen viele Historiker von einem antiken »Weltkrieg«, denn der größte Teil der griechischen Welt war involviert und die Perser, die weite Teile Asiens beherrschten, nahmen indirekt Einfluss.

Doch hat sich die Bezeichnung »Peloponnesischer Krieg« allgemein etabliert, da die Spartaner, die Führungsmacht auf der Peloponnes, zu den Hauptakteuren in diesem Krieg gehörten. Ihnen gegenüber standen die Athener. Es war die Auseinandersetzung zweier antiker Supermächte. Und dazu kamen all die Städte, die auf der einen oder auf der anderen Seite Partei zu ergreifen hatten. Neutralität war in diesem Krieg so gut wie unmöglich.

Der Peloponnesische Krieg begann 431 v. Chr. und endete 404 v. Chr. Der zeitgenössische Historiker Thukydides, der eine bis zum Jahr 411 v. Chr. reichende Darstellung des Krieges geliefert hat, beginnt sein Werk mit dem Ende der Perserkriege. Tatsächlich liegen in der erfolgreichen Abwehr der Perser die tieferen Ursachen für den Peloponnesischen Krieg. Bevor die Perser kamen, waren die Spartaner die unangefochtene Führungsmacht in der griechischen Welt. Mit den Perserkriegen aber geriet diese Hierarchie ins Wanken. Die Athener hatten dank ihrer Flotte einen großen Anteil an dem Sieg gegen den persischen Großkönig. Gleich nach dem Abzug der Perser gründeten

Dieser nachträglich kolorierte Kupferstich von Matthäus Merian dem Älteren aus der Mitte des 19. Jahrhunderts zeigt die Seeschlacht bei Korinth zwischen Athenern und Spartanern im Jahr 430 v. Chr.

die Athener den Attischen Seebund, dem sich bald 200 Städte
anschlossen. Offiziell hatte der
Pakt das Ziel, vor weiteren Angriffen der Perser zu schützen,
die allerdings nicht eintraten,
weil die Perser beschlossen hatten, statt auf Waffen lieber auf
Geld zu setzen und die Spartaner finanziell zu unterstützen.
Sparta verfügte mit dem Peloponnesischen Bund, in dem
ebenfalls eine Reihe von Städten vereint waren, über ein dem
Attischen Seebund vergleichba-
res Machtinstrument.

Bald schon machten sich
Spannungen zwischen der alten und der neuen Führungs-
macht bemerkbar. Einen offenen Konflikt strebten jedoch weder die Spartaner
noch die Athener an. Eine wichtige Rolle bei dem Prozess, der schließlich zum Ausbruch des Krieges führte, spielten die Verbündeten der Spartaner, allen voran die
Politiker der reichen Handelsstadt Korinth. Sie beschuldigten Sparta, nicht genug
zu tun, um sie vor den Athenern zu schützen, die inzwischen den Handel im östlichen Mittelmeerraum beherrschten, was bei den korinthischen Kaufleuten zu erheblichen wirtschaftlichen Einbußen führte. Wollte es sein Prestige als Hegemon
wahren, blieb Sparta nichts anderes übrig, als den Krieg zu forcieren, obwohl man
ihn eigentlich gar nicht wollte. Auch Athen hatte im Prinzip kein Interesse daran,
in eine bewaffnete Auseinandersetzung mit Sparta zu treten.

Nach Ausbruch des Krieges gab es jedoch viele Stimmen, die Perikles als einen
Kriegstreiber bezeichneten. Die Kritik wurde insbesondere von Komödiendichtern
wie Aristophanes formuliert, der sich in seinen Stücken als Sprachrohr des Volkes
sah. Perikles war zu dieser Zeit der mächtigste Mann in Athen. Es war ihm gelungen, auch unter den Bedingungen der demokratischen Ordnung über einen längeren Zeitraum an den Schalthebeln der Macht zu bleiben. Rechtliche Grundlage dafür war das Amt des Strategen, das Perikles ausübte. Bis zu seinem Tod 429 v. Chr.
vertrauten ihm die Wähler 15 Mal hintereinander dieses Amt an. Doch war Perikles klug genug, nicht ohne Not einen in seinen Auswirkungen schwer absehbaren

Krieg mit dem Militärstaat Sparta zu riskieren. In einem solchen Krieg, so das Kalkül des Perikles, konnte Athen nur verlieren – nämlich sein Prestige und die Ressourcen einer Großmacht. So ließ man sich auch ernsthaft auf diplomatische Initiativen ein, die aber alle scheiterten. Keiner wollte den Krieg wirklich, aber der Verzicht darauf war auch keine erstrebenswerte Alternative, zumal es in Athen einflussreiche Kräfte gab, die für einen harten Kurs gegenüber Sparta plädierten.

Nachdem sich Sparta auf Druck seiner Verbündeten zum Krieg entschlossen hatte, galt für die Spartaner die Devise, dass man den griechischen Stadtstaaten wieder Freiheit und Autonomie verschaffen wolle. Damit stand das demokratische Athen am Pranger, das die Partner im Attischen Seebund immer mehr entmündigt hatte, sodass hier der Unmut über den Hegemon bedrohlich groß geworden war. Sparta aber, Hort der Oligarchie, konnte sich als Hüter zentraler Elemente der griechischen Polis feiern lassen.

Die erste Phase des Krieges dauerte von 431 bis 421 v. Chr. und wird meistens als »Archidamischer Krieg« bezeichnet, nach dem spartanischen König Archidamos, der die Initiative ergriff, indem er die spartanische Armee nach Attika einfallen ließ. Hier hatte der Stratege Perikles seinen Mitbürgern eine strikte Defensivstrategie verordnet. Man zog sich hinter die Stadtmauern zurück, ließ die Spartaner die Felder verwüsten und begnügte sich mit sporadischen Aktionen der Flotte. Perikles hoffte, den Elan der Spartaner auf diese Weise zu brechen. Da ereignete sich im zweiten Jahr des Krieges eine Katastrophe: Eine verheerende Seuche brach aus, der Tausende Athener zum Opfer fielen, darunter auch Perikles selbst. Nun übernahm Kleon in Athen die strategische Führung des Krieges. Er verfolgte einen dezidiert offensiven Kurs. 422 v. Chr. kam er bei Kämpfen gegen die Spartaner unter ihrem Kommandanten Brasidas im Norden Griechenlands ums Leben.

Nach zehn Jahren der Auseinandersetzungen einigten sich die kriegsmüden Kontrahenten 421 v. Chr. auf ein Friedensabkommen. Dieser »Nikiasfrieden« ist benannt nach dem athenischen Verhandlungsführer, der sich an der moderaten Politik des Perikles orientierte. Der Friede wurde auf 50 Jahre geschlossen und hielt doch nur sechs Jahre. Denn in Athen hatte sich bald eine radikalere Richtung durchgesetzt, repräsentiert durch die schillernde Figur des Alkibiades. Der noch junge Mann stammte aus der Verwandtschaft des Perikles, kam in der Demokratie nach oben und gab sich doch als ein Aristokrat mit ausschweifendem Lebensstil und ungebremstem Ehrgeiz. Politik und Krieg sah er als Chance an, unsterblichen Ruhm zu ernten. So arbeitete er konsequent hin auf eine Wiederaufnahme des Krieges gegen Sparta. Und mehr noch: Er träumte davon, den Einflussbereich der Athener bis weit nach Westen, über Sizilien hinaus, auszudehnen. Viele Athener ließen sich von seiner Begeisterung anstecken, wie der Biograf Plutarch mitteilt:

»Die jungen Leute, die sich an Hoffnungen berauschten, hatte er gleich auf seiner Seite, und sie hörten den älteren Leuten zu, die viel Merkwürdiges von dem Kriegsschauplatz zu berichten wussten, sodass viele in den Gymnasien auf den Ruhebänken saßen und den Umriss der Insel und die Lage von Libyen und Karthago in den Sand zeichneten.«

Das Ergebnis war ein waghalsiges militärisches Unternehmen, das für Athen den Anfang vom Ende bedeuten sollte. Eine große Flotte setzte sich in Richtung Sizilien in Bewegung. Formal hatte man sich abgesichert, indem man die Stadt Segesta veranlasst hatte, einen Hilferuf nach Athen zu senden, mit der Bitte, gegen die mächtige griechische Stadt Syrakus vorzugehen.

Kurz vor der Abfahrt der Schiffe wurde Alkibiades aufgrund einer Intrige seines Amtes als Kommandant enthoben. So musste Nikias die Aktion leiten, der von Anfang an kein Hehl aus seiner Abneigung gegen dieses Abenteuer gemacht hatte. Die Expedition nach Sizilien endete mit einem Fiasko: Die athenischen Truppen wurden 413 v. Chr. im Hafen von Syrakus fast völlig aufgerieben, die Überlebenden wurden zur Zwangsarbeit in die syrakusischen Bergwerke geschickt.

Von diesem Desaster erholte sich Athen nicht mehr. In der letzten Phase des Krieges besetzten die Spartaner die attische Festung Dekeleia und organisierten von hier Angriffe auf die Stadt Athen. Mit Unterstützung der Perser, die mehr an einem Sieg der Landmacht Sparta als der Seemacht Athen interessiert waren, konnten die Spartaner eine Flotte ausrüsten, mit der sie die athenischen Stützpunkte im östlichen Mittelmeer und an der ionischen Küste bedrängten. Zur Lichtgestalt avancierte in der Endphase des Krieges der spartanische Feldherr Lysander. Unter seiner Regie wurde Athen 404 v. Chr. zur Kapitulation gezwungen. Der Attische Seebund wurde aufgelöst, die demokratische Ordnung vorübergehend beseitigt.

In dem Kalksteinbruch Latomia del Paradiso in Syrakus mussten Gefangene Zwangsarbeit leisten.

INFO

Thukydides
(460–396 v. Chr.)

Griechischer Historiker

Herodot war der Vater, Thukydides der König der Geschichtsschreibung. Diesen Titel sicherte er sich mit einem einzigen Werk, der *Geschichte des Peloponnesischen Krieges*, den er als Zeitzeuge und sogar als Beteiligter unmittelbar miterlebt hatte. Die Darstellung bricht mit dem Jahr 411 v. Chr. ab, vermutlich weil der Autor während der Abfassung gestorben ist. Thukydides besticht durch strenge Quellenkritik und scharfe Analysen. Im Gegensatz zu Herodot konzentrierte er sich voll und ganz auf die politischen und militärischen Vorgänge. Als erster Historiker der Antike fragte er nach dem Sinn der Geschichte und nach der Funktion von Geschichtsschreibung. Geschichte wird sich immer wiederholen, weil der Mensch sich nicht ändert. Immanent ist ihm das Streben nach der Macht. Sich mit Geschichte zu befassen, kann daher nicht bedeuten, Lehren aus der Geschichte zu ziehen mit dem Ziel, alles besser zu machen. Die Kenntnis der Geschichte versetzt die Menschen aber in die Lage, ihre eigene Gegenwart besser zu verstehen und einzuordnen.

Der Aufstieg der Makedonen

Sparta war aus dem Peloponnesischen Krieg militärisch als Sieger hervorgegangen, Athen spielte auf der Bühne der großen Politik nicht mehr die wichtigste Rolle. Zwar wurde bald wieder die Demokratie eingeführt, und es gelang auch, eine Nachfolgeorganisation für den Attischen Seebund ins Leben zu rufen. Doch reichte deren Bedeutung nicht mehr an die des Vorgängers heran. Die Spartaner indes waren mit der Aufgabe, die ihnen als Sieger im Peloponnesischen Krieg zugefallen war, deutlich überfordert. Sie schafften es nicht, sich mit der Flotte, die ihnen die Perser finanziert hatten, als ordnungspolitische Macht an der kleinasiatischen Westküste durchzusetzen. Hinzu kamen innenpolitische Konflikte, die sich aus dem Umstand ergaben, dass Sparta von einer Regionalmacht auf der Peloponnes zur globalen Macht aufgestiegen war.

Der Peloponnesische Krieg hatte in Griechenland zu einem Machtvakuum geführt. Kurzfristig konnte davon die Stadt Theben profitieren, deren Heer unter dem Feldherrn Epaminondas bei Leuktra (371 v. Chr.) über die Spartaner siegte. Die thebanische Hegemonie endete aber bereits neun Jahre später nach einer Niederlage gegen eine von Sparta angeführte Koalition bei Mantineia.

Jetzt aber kam ein Faktor ins Spiel, der dank der allgemeinen Unsicherheit innerhalb kürzester Zeit die politischen und militärischen Verhältnisse in Griechenland auf den Kopf stellte. Dabei handelte es sich um das Königreich Makedonien, das abseits im Norden gelegen und bis dahin im Konzert der griechischen Mächte kaum wahrnehmbar gewesen war. Die Makedonen waren ethnisch mit den Griechen verwandt, was letzteren allerdings immer etwas peinlich war. Für die Griechen galten die Makedonen als rückständig und provinziell, wurden sie doch noch immer von Königen regiert, deren Herrschaft eine archaisch anmutende Heeresversammlung zustimmen musste.

Eben diese Makedonen stiegen innerhalb weniger Jahre zur neuen Führungsmacht in Griechenland auf. Verantwortlich dafür waren die von Philipp II. eingesetzten politischen, diplomatischen und vor allem militärischen Mittel. Gestützt auf eine schlagkräftige und bestens ausgerüstete Armee eroberte der 359 v. Chr. an die Macht gekommene König in den folgenden Jahren Nord- und Mittelgriechenland. Dabei war Philipp II. geschickt genug, sich den Griechen als Retter zu präsentieren. Insbesondere warb er damit, unter seiner Führung einen Feldzug gegen den Erzfeind Persien zu unternehmen. Dieses Angebot trug ihm in Griechenland viele Sympathien, jedoch auch erbitterten Widerstand ein. Wortführer der Gegner war der athenische Politiker Demosthenes (384–322 v. Chr.). Der berühmte Redner setzte seine ganzes rhetorisches Geschick ein, um die Griechen davon zu überzeugen, dass Philipp II. in Wirklichkeit der Totengräber der freien Polis sei. Athen war denn auch, gemeinsam mit Theben, treibende Kraft, als eine Militärallianz gegen Philipp II. geschmiedet wurde. Die Entscheidung brachte 338 v. Chr. die Schlacht bei Chaironeia in Böotien. Sie endete mit einem grandiosen Sieg Philipps II.

Diesen aus Elfenbein geschnitzten Kopf Philipps II. fand man in dessen Grab in der Nähe von Vergina, einem Ort in Zentralmakedonien im Norden Griechenlands.

Der makedonische König war nicht nur ein außerordentlich fähiger Feldherr, sondern auch ein kluger Politiker. Er wusste um die Vorbehalte, die man in Griechenland ihm gegenüber hatte, und bemühte sich, die Sympathie der Griechen zu gewinnen. So durften die Athener ihre Demokratie behalten, was prompt zu einem Umschwung der Einstellung zu Philipp führte.

337 v. Chr. rief Philipp II. die Vertreter der griechischen Stadtstaaten zu einem Kongress nach Korinth. Ergebnis war die Gründung des Korinthischen Bundes. Nur Sparta schloss sich diesem Pakt nicht an, der Philipp dazu diente, die militärisch erfolgte Unterwerfung Griechenlands durch eine politische Neuordnung abzusichern. Selbstverständlich übernahmen die Makedonen in diesem Bund die Führung. Philipp II. war nun nicht mehr allein König von Makedonien, sondern zugleich auch Hegemon des Korinthischen Bundes, dessen militärisches Oberkommando ebenfalls bei ihm lag. Philipp II. erklärte nun, sein Versprechen, einen Feldzug gegen die Perser zu führen, um so die kleinasiatischen Griechen zu befreien, in die Tat umzusetzen.

Ein kunstvoll gearbeitetes Golddiadem aus dem Grab des makedonischen Herrschers Philipp II.

Die Vorbereitungen für diese Expedition waren in vollem Gange, als man Philipp II. im Herbst 336 v. Chr. ermordete. Das Attentat fand in aller Öffentlichkeit statt, im Theater von Aigai, bei einem Fest, das der König aus Anlass der Hochzeit seiner Tochter gab. Der Mörder war schnell identifiziert: Pausanias, einer der königlichen Leibwächter. Doch handelte er nur für sich? Philipp war zuvor eine zweite Ehe eingegangen. Hatte er sich damit den Zorn seiner ersten Frau Olympias, der Mutter seines Sohnes, eingehandelt, mit der er weiter verheiratet blieb? Oder hatte sein Sohn Alexander, den man später »den Großen« nennen sollte, etwas mit der Tat zu tun? Immerhin war nicht auszuschließen, dass aus der neuen Ehe des Vaters ein weiterer Sohn und damit ein Konkurrent um den Thron hervorgehen würde. Und schließlich kam auch der König der Perser infrage, der natürlich von Philipps Feldzugplänen wusste. Der Mord an Philipp II., dem Begründer der Großmacht Makedonien, wurde nie aufgeklärt.

DAS ZEITALTER DES HELLENISMUS

Ägyptische Bronzebüste Alexanders des Großen aus dem 1. Jahrhundert v. Chr., die ihn mit Götterkrone und Widderhörnern darstellt

Die Zeit des Hellenismus – der Begriff wurde im 19. Jahrhundert von Johann Gustav Droysen geprägt – begann mit den Eroberungen Alexanders des Großen und endete mit dem Tod von Kleopatra VII. und der damit verbundenen Okkupation Ägyptens durch die Römer. In diesen 300 Jahren vollzog sich infolge der Ausbreitung der Griechen im Orient ein intensiver kultureller Austausch zwischen dem Osten und dem Westen. Politisch bedeutete der Hellenismus die Ausbildung großer, monarchisch regierter Territorialreiche. Diese waren das Ergebnis erbitterter Machtkämpfe nach dem Tod Alexanders, die als »Diadochenkriege« in die Geschichte eingegangen sind. Die Unterwerfung der hellenistischen Königreiche durch die Römer ist ein historisches Lehrbeispiel dafür, wie Eigeninteressen und mangelnde Solidarität zum Ende von großen Mächten führen können.

Alexander der Große

König Philipp II. von Makedonien soll zu seinem Sohn Alexander gesagt haben, als dieser noch ein Kind war: »Geh, mein Sohn, suche dir dein eigenes Königreich, das deiner würdig ist. Makedonien ist nicht groß genug für dich.« Anlass zu dieser Aufforderung soll gewesen sein, dass es dem kleinen

Alexander gelungen war, das wilde und ungestüme Pferd Bukephalos – später sein treuer Begleiter auf allen Feldzügen – zu zähmen. Diese Geschichte ist frei erfunden, wie viele andere, die Alexanders spätere Größe bereits in früher Kindheit angelegt wissen wollen. Richtig ist aber, dass es Philipp gewesen ist, der Alexanders spätere Laufbahn erheblich beeinflusst hat.

356 v. Chr. kam der künftige Welteroberer in der makedonischen Residenzstadt Pella zur Welt. Seine Mutter Olympias verließ Ehemann und Sohn, nachdem Philipp zum zweiten Mal geheiratet hatte, was am makedonischen Königshof nicht ungewöhnlich war. Der König engagierte den später berühmt gewordenen Universalgelehrten Aristoteles als Alexanders Erzieher und bereitete seinen Sohn zielstrebig auf seine Nachfolge vor. Erste militärische Verdienste erwarb der 18-jährige Thronfolger in der Schlacht von Chaironeia (338 v. Chr.). Als Philipp 336 v. Chr. ermordet wurde, ergriff Alexander sofort die Initiative und übernahm – auch um möglichen Widerständen vonseiten des Heeres und des Adels vorzubeugen – die Herrschaft über das Königreich Makedonien. Zu diesem Zeitpunkt war er 20 Jahre alt.

Alexander beerbte den Vater aber nicht allein in dessen Eigenschaft als König. Philipp II. war auch der Hegemon des Korinthischen Bundes gewesen, was ihm die Kontrolle über Griechenland verschafft hatte. Mit dem Tod Philipps II. ging die Führung des Korinthischen Bundes an Alexander über. Allerdings regte sich auch hier Widerstand. Einige Städte wie Athen versuchten, sich von der Herrschaft der Makedonen zu befreien. Der junge König jedoch warf den Aufstand entschlossen und rasch nieder.

Alexander hatte von seinem Vater einiges gelernt. Dazu gehörte die Einsicht, dass Herrschaft nur funktioniert, wenn die Beherrschten sie akzeptieren. Wie Philipp II. wusste Alexander um das Persertrauma der Griechen. Zwar hatte man die Kriege gegen die Armeen des Großkönigs zu Beginn des 5. Jahrhunderts v. Chr. gewonnen. Doch als sich Athen und Sparta in den Peloponnesischen Krieg verstrickten, nutzten die Perser die Chance, die Griechenstädte an der kleinasiatischen Westküste unter ihre Herrschaft zu bringen. 387 v. Chr. wurde dies im sogenannten Königsfrieden, geschlossen zwischen Sparta und den Persern, festgeschrieben.

Philipp II. hatte bei den Griechen viele Sympathien gewonnen, als er ihnen einen Feldzug gegen die Perser mit dem Ziel der Befreiung der kleinasiatischen Griechen in Aussicht stellte. Alexander war so klug, nach dem gewaltsamen Tod seines Vaters das Thema wieder auf die Agenda zu setzen. Ausgestattet mit einem ausgeprägten Sinn für politische Propaganda, deklarierte er das Unternehmen gegen die Perser als einen »panhellenischen Rachefeldzug«: Alle Griechen sollten sich hinter den Makedonen scharen, um den Angriff des Xerxes auf Griechenland zu sühnen, bei dem 150 Jahre zuvor die Akropolis von Athen zerstört worden war.

Aus einer anfangs begrenzt gedachten Expedition nach Kleinasien wurde schließlich einer der erfolgreichsten Eroberungszüge der Geschichte. Für antike Verhältnisse handelte es sich sogar um einen Feldzug der Superlative: Niemals zuvor eroberte ein Einzelner in jüngeren Jahren und in kürzerer Zeit ein größeres Territorium. Nur zehn Jahre brauchte Alexander, um ein Gebiet in seine Gewalt zu bringen, das sich von Indien bis zum Mittelmeer erstreckte. Dabei bewies er nicht allein großes militärisches, sondern auch organisatorisches Talent. So waren Spezialisten im Heer etwa für die Versorgung der Soldaten oder geografische Erkundungen zuständig. »Bematisten« genannte Schrittzähler hatten die absolvierten Strecken zu vermessen. Auch Historiker befanden sich im Tross, die von Alexanders großen Taten künden sollten.

Im Frühjahr 334 v. Chr. überquerte er mit etwa 30 000 Soldaten – darunter sowohl Makedonen als auch Griechen – die Dardanellen. Am Fluss Granikos im Nordwesten Kleinasiens fand die erste von drei großen Alexanderschlachten statt. Da der Perserkönig Dareios III. im fernen Susa nicht an eine ernsthafte Bedrohung durch die Eindringlinge aus dem Westen glaubte, schickte er einen Statthalter in den Kampf. Doch der Satrap Memnon hatte der effizienten Kriegführung der Makedonen nichts entgegenzusetzen. In den folgenden Monaten vertrieb Alexander die persischen Besatzungen aus den Griechenstädten an der Westküste und setzte Leute seines Vertrauens als neue Regenten ein.

Gemessen an den zuvor formulierten Kriegszielen war die Mission Alexanders nun eigentlich erfüllt. Doch er wollte sich nicht mit dem Erreichten zufriedengeben und setzte den Feldzug fort, statt in die Heimat zurückzukehren. Über Lykien und Pamphylien zog er ins Landesinnere und erreichte Ende 334 v. Chr. die alte phrygische Königsstadt Gordion. Hier überwinterte er mit seiner Armee und nutzte der Legende nach die Gelegenheit, den »Gordischen Knoten« zu durchtrennen, der sich an einem alten Königswagen befand. Wem dies gelänge, so eine Prophezeiung, der könne die Herrschaft über Asien erlangen.

Im Frühjahr 333 v. Chr. erreichte Alexander die kilikische Küstenstadt Issos. Hier fand die zweite große Schlacht statt. Dieses Mal war Großkönig Dareios III. anwesend, aber auch jener konnte nicht verhindern, dass Alexander abermals siegte. Der persische Herrscher machte Alexander daraufhin weitreichende Angebote, etwa indem er ihm sämtliche Gebiete westlich des Euphrats überlassen wollte. Doch der makedonische König lehnte ab. Er zog jedoch nicht gleich weiter Richtung Osten, sondern begab sich an der Küste des Mittelmeeres über Phönizien, Syrien, Palästina und Gaza nach Ägypten. Das Land am Nil lockte Alexander nicht nur, weil es zum Reich der Perser gehörte und es zweckmäßig erschien, sich vor einem weiteren Vormarsch in die persischen Zentralgebiete den Rücken freizuhalten. Ihn zogen auch die Attraktionen des alten Wunder- und Zauberlandes an. In

In der Schlacht am Granikos siegte die Armee Alexander des Großen 334 v. Chr. über die Truppen der Perser. Dieses moderne Aquarell von Peter Connolly zeigt im Vordergrund Alexander, wie er mit seinen Soldaten den Fluss überquerte, um die Perser am gegenüberliegenden Ufer angreifen zu können.

Memphis ließ er sich zum Pharao krönen und wandte damit ein Erfolgsrezept an, das sich auch später noch bewähren sollte. Er zeigte, dass er von der ägyptischen Bevölkerung nicht als fremder König angesehen werden wollte, sondern dass er bereit war, sich den vorgefundenen Herrschaftsverhältnissen anzupassen.

Diesem Zweck diente auch eine der merkwürdigsten Episoden des Alexanderzuges. In der Oase Siwa besuchte Alexander das Heiligtum des Gottes Ammon, den die Griechen mit Zeus gleichsetzten. Als Alexander den Tempelbezirk wieder verließ, ließ er verbreiten, der oberste Priester habe ihn als »Sohn des Zeus« begrüßt: ein geschickter Schachzug, denn für die Ägypter galt es von alters her als selbstverständlich, dass ihr Herrscher gleichzeitig auch ein Gott war. Bei den Griechen und Makedonen hingegen galt die göttliche Verehrung des lebenden Herrschers als Tabu. Hier zeigte sich ein allgemeines Dilemma, mit dem Alexander und später auch die hellenistischen Könige konfrontiert waren: Sie hatten den Spagat zu bewältigen zwischen den Erwartungen der Menschen im Orient und den Traditionen der Menschen im Okzident.

Zu den bleibenden Leistungen Alexanders in Ägypten gehörte die Gründung der Stadt Alexandria. Im Winter 332/331 v. Chr. wurde sie nach seinen eigenen Plänen im Nildelta angelegt – Geburtsstunde einer späteren Weltmetropole, die in hellenistischer, römischer und byzantinischer Zeit zu den wenigen Millionenstädten der Antike zählte. Hier wurde Alexander später auch beigesetzt, jedoch konnte trotz intensiver Forschungen sein Grab bis heute nicht entdeckt werden. Es befindet sich irgendwo unter dem Häusermeer der modernen Stadt.

Während seines Feldzuges gründete Alexander noch viele weitere Städte. Sie befinden sich etwa im heutigen Iran, Usbekistan oder Afghanistan. Alexandria Eschate (das

»äußerste Alexandria«) in der Landschaft Baktrien war seine östlichste Stadt. Stadt-
gründungen hatten große Bedeutung für Alexander: Zum einen erfüllten sie eine militärische Funktion. Soldaten wurden hier stationiert, um die Eroberungen zu sichern.
Zum anderen förderten urbane Strukturen die Kooperation zwischen Griechen und
Makedonen auf der einen und den jeweils einheimischen Völkern auf der anderen Seite.

In der Forschung wurde Alexander gern eine Vision der »Völkerverschmelzung« zu-
geschrieben. Er habe von einem Großreich unter seiner Führung geträumt, in dem Osten und Westen, Griechen und Orientalen harmonisch miteinander lebten. Doch auf
Alexanders Agenda stand nicht ein antiker »Commonwealth of Nations«, er wollte vielmehr seine Herrschaft sichern. Und dazu war es notwendig, die Unterworfenen in die
neuen Machtstrukturen zu integrieren. So dienten bald auch Perser in seiner Armee
und selbst zivile Ämter wurden mit Einheimischen besetzt. Dahinter stand die ganz
pragmatische Überlegung, dass Griechen und Makedonen schon rein zahlenmäßig
nicht in der Lage wären, ein so riesiges Gebiet zu verwalten.

Nach seinem Aufenthalt in Ägypten zog Alexander 331 v. Chr. weiter nach Osten in
das Herz des Achämenidenreiches, des persischen Großreiches, dessen Expansion Kyros II. um 550 v. Chr. vorangetrieben hatte. Bei Gaugamela am Tigris fand im Herbst
331 v. Chr. die letzte große Alexanderschlacht statt, bei der Dareios III. die Flucht ergriff. Anfang 330 v. Chr. erreichte Alexander die prunkvolle Residenzstadt Persepolis,
ohne auf weiteren nennenswerten Widerstand zu stoßen. Ein Teil des dortigen königlichen Palastes ging in Flammen auf, vermutlich auf Befehl Alexanders, der damit dem
Rachefeldzug gegen die Perser ein symbolisches Ende setzen wollte. Auch die persischen Residenzen in Susa, Pasargadai und Ekbatana nahm Alexander in Besitz. Fortan
bezeichnete er sich auch als »König von Asien«, was seinen Anspruch zum Ausdruck
brachte, die Nachfolge der Achämeniden angetreten zu haben.

Der erfolglose Dareios III. wurde im Nordosten Irans von einem Verwandten namens Bessos ermordet, der nun Anspruch auf den Königstitel erhob. Dieses Ereignis
nahm Alexander zum Anlass, den Feldzug in unwegsame, unbekannte Regionen auszudehnen. Bessos, der im Osten eine neue Machtbasis aufzubauen versuchte, wurde
aufgegriffen und als Usurpator hingerichtet. Für Alexander und seine Armee begann
danach der strapaziöse Marsch über den Hindukusch nach Baktrien und Sogdien,
ungefähr das Gebiet des heutigen Afghanistan, Kurdistan und Usbekistan. 327 v. Chr.
heiratete Alexander Roxane, eine baktrische Fürstentochter. Später nahm er zusätzlich Stateira, eine Tochter des ehemaligen Perserkönigs Dareios III., zur Frau, ebenso
Parysatis, eine persische Adelige. Mit diesen Ehen wollte Alexander seine Herrschaft
über die fremden Völker stabilisieren.

In den letzten Jahren seines Feldzuges (327–325 v. Chr.) nahm Alexander Indien
ins Visier. Zwar gab es auch hier eine Reihe von militärischen Auseinandersetzungen

Alexander der Große
(l.) und Dareios III.
stehen sich in einer
Schlacht gegenüber.
Ob es sich um die
Schlacht von Issos oder
Gaugamela handelt,
ist in der Forschung
umstritten. Das hier
gezeigte Bild ist eine
moderne Rekonstruktion
eines Mosaiks aus
Pompeji aus dem
2. Jahrhundert v. Chr.

mit einheimischen Fürsten, doch trat der König jetzt weniger als Eroberer, sondern vielmehr als Entdecker auf. Indien lockte ihn ähnlich wie Ägypten mit seiner rätselhaften Kultur und all den Wundern, die das Land zu bieten hatte. Aber noch stärker trieb ihn ein anderer Wunsch an. Sein Weltbild war geprägt von der zu dieser Zeit vorherrschenden Vorstellung von der Erde als einer Scheibe, die vom Weltmeer, dem »Okeanos«, umflossen wird. Alexander wollte so weit nach Osten vordringen, bis er das Ende der bewohnten Welt und das Weltmeer erreichte. Seine Soldaten aber weigerten sich und drängten den König am Indus zur Umkehr. Nach einem beschwerlichen und verlustreichen Rückmarsch durch die Gedrosische Wüste trafen Alexander und seine Soldaten 324 v. Chr. wieder in Susa ein.

Weitere Pläne, etwa einen Feldzug auf die Arabische Halbinsel, konnte Alexander nicht mehr verwirklichen. Er starb am 10. Juni 323 v. Chr. in Babylon im Alter von gerade einmal 32 Jahren an einer schweren Krankheit. Er hatte ein Riesenreich erobert, jedoch nicht mehr die Zeit gefunden, dieses zu organisieren. Geblieben ist der Mythos eines höchst ambitionierten Königs, dem die Römer, die ihn wegen seiner militärischen Erfolge bewunderten, später den Ehrentitel »der Große« gaben.

Die Diadochenkriege

Selten in der Geschichte hat der Tod einer Führungspersönlichkeit zu einer vergleichbaren Konfusion geführt, wie sie nach dem Ende Alexanders des Großen eintrat. Alexander selbst hatte keinen Nachfolger aufgebaut, weil er nicht damit gerechnet hatte, so früh aus dem Leben zu scheiden. Er hatte zwar drei Frauen, aber keinen Sohn. Einige von Alexanders Heerführern und engsten Freunden, die eiligst in Babylon zu Beratungen zusammengekommen waren, dachten zunächst daran, die Geburt des Kindes der Roxane abzuwarten, in der Hoffnung auf einen Thronfolger. Andere plädierten dafür, Alexanders Halbbruder Arrhidaios zum König zu proklamieren.

Bald aber trat der dynastische Gedanke in den Hintergrund, auch wenn Roxane tatsächlich einen Sohn, Alexander IV. Aigos, zur Welt brachte. Denn schon bald entwickelte sich zwischen den Generälen, die zusammen mit Alexander das Perserreich unterworfen hatten, ein Machtkampf, der über 40 Jahre anhalten sollte. Sie stammten allesamt aus dem makedonischen Adel. Ihre Nachkommen führten die Auseinandersetzungen fort, bis sich eine neue, wenn auch fragile politische Ordnung herausbildete. Diese Kriege bezeichnet man als »Diadochenkriege«, nach dem griechischen Wort für »Nachfolger«. In den antiken Quellen wird kolportiert, Alexander habe diese Entwicklung vorausgesehen und kurz vor seinem Tod eine düstere Prophezeiung gewagt:

»Von den Freunden gefragt, wem er die Königsherrschaft hinterlasse, sagte er: Dem Besten. Denn ich sehe voraus, dass meine Freunde große Leichenspiele veranstalten werden.«

Vordergründig erscheinen die Diadochenkriege als eine verwirrende Serie von militärischen Auseinandersetzungen mit ständig wechselnden Bündnissen. Bei genauerer Betrachtung lässt sich jedoch eine klare Struktur erkennen. In einer ersten Phase ging es allen Beteiligten um das unmittelbare Erbe Alexanders und damit um die Alleinherrschaft. Als keiner dieses Ziel realisieren konnte, mündeten die Diadochenkriege in heftige Verteilungskämpfe. Jeder bemühte sich, möglichst große Bereiche des Alexanderreiches als persönlichen Besitz zu sichern.

Zunächst hatte man sich in Babylon darauf verständigt, die Reichseinheit zu wahren und die riesigen Gebiete einzelnen Generälen zur Verwaltung zu überlassen. Dabei tauchen einige Namen auf, die in der Geschichte der Diadochen über kürzere oder längere Zeit eine wichtige Rolle spielen sollten.

Ein Schwergewicht unter den Diadochen der ersten Stunde war Perdikkas. Er hatte ein enges Verhältnis zu Alexander gehabt, hatte in dessen Leibgarde gedient und glaubte sich in einer guten Position, weil der König ihm seinen Siegelring überreicht hatte, bevor er starb. Tatsächlich erkannten die Heerführer Perdikkas bei einem Treffen in Babylon kurz nach Alexanders Tod als alleinigen Regenten über das Alexanderreich an. Nach einem gescheiterten Feldzug wurde er jedoch 320 v. Chr. von seinen eigenen Offizieren ermordet.

Antipatros, um 397 v. Chr. geboren, war ein alter Weggefährte Philipps II. Alexander hatte ihn zu Beginn seines Asienfeldzuges als Statthalter von Makedonien eingesetzt. Nach dem Tod Alexanders profilierte sich Antipatros als erfolgreicher Feldherr, als er im Lamischen Krieg (benannt nach einem Schauplatz einer Schlacht in Thessalien) 323/322 v. Chr. eine Koalition griechischer Städte besiegte, die den Tod Alexanders zum Abfall von der makedonischen Herrschaft hatten nutzen wollen. Die Makedonen bestraften Athen dafür mit der Abschaffung der Demokratie und installierten dort stattdessen eine Oligarchie. Nach dem Tod von Perdikkas erkannten die Diadochen Antipatros als Reichsregenten an.

Antipatros wurde von seinem Sohn Kassandros unterstützt, der sich allerdings nicht genügend gewürdigt sah, als der Vater kurz vor seinem Tod 319 v. Chr. den eher unauffälligen makedonischen Adligen Polyperchon zu seinem Nachfolger ernannte. Sofort schmiedete der enttäuschte Kassandros eine Allianz gegen den neuen Machthaber. Dies lässt ein typisches Handlungsmuster in den Diadochenkriegen erkennen: Wer zu viel Macht gewann, geriet ins Visier der anderen, die sich gegen den jeweils aktuell Stärksten zusammentaten, um danach wieder einzeln um die Macht zu kämpfen.

Ptolemaios, geboren um 367 v. Chr., fühlte sich als Freund und unentbehrlicher Helfer Alexanders ebenfalls zu höheren Aufgaben berufen und erklärte seine Anwartschaft auf das strategisch und wirtschaftlich interessante Ägypten.

Ferner zählten Lysimachos, Seleukos und Antigonos mit dem Beinamen Monophthalmos (»der Einäugige«) zu den wichtigsten Diadochen der ersten Generation. Antigonos, 382 v. Chr. geboren, besaß zunächst die Provinzen Lykien und Pamphylien im Südwesten Kleinasiens, entwickelte sich aber in der Folgezeit zu einem der wichtigsten Akteure auf der politischen Bühne. Sein Sohn Demetrios Poliorketes (»der Städtebelagerer«), um 336 v. Chr. geboren und damit einer der Vertreter der zweiten Generation der Diadochen, unterstützte den Vater und war nach dessen Tod im Jahr 301 v. Chr. einer der mächtigsten Nachfolger Alexanders. Seleukos, geboren um 355 v. Chr., gehörte zu Alexanders Weggefährten und hatte insbesondere bei dessen Indienfeldzug militärische Meriten erworben. Zunächst fehlte ihm das Geschick, um bei der Verteilung der Provinzen des Alexanderreiches in der ersten Reihe zu stehen. Dies sollte sich später ändern: Er wurde zum Stammvater der bedeutenden hellenistischen Dynastie der Seleukiden. Der ehemalige Leibgardist Alexanders, Lysimachos, 361 v. Chr. geboren, erhielt Thrakien und die Westküste des Schwarzen Meeres.

Alexanders Verwandte spielten keine Rolle mehr. Seine Mutter Olympias hatte zunächst den Versuch unternommen, im Konzert der neuen Großen mitzuspielen, und sich zeitweilig mit Polyperchon verbündet. 316 v. Chr. wurde sie jedoch auf Veranlassung von Kassandros getötet. Alexanders Lieblingsfrau Roxane begab sich nach Makedonien in die Obhut des Antipatros, doch auch sie starb 310 v. Chr. eines gewaltsamen Todes, gemeinsam mit ihrem Sohn Alexander IV. Aigos.

Ein wichtiges Ereignis in den Diadochenkriegen stellte die Schlacht von Ipsos in Zentralphrygien im Jahr 301 v. Chr. dar. Bereits zehn Jahre zuvor hatte sich angedeutet, dass die Einheit des Alexanderreiches für die Diadochen eine immer geringere Rolle spielte und sich stattdessen der Kampf auf den Gewinn einzelner Teile des Reiches konzentrierte. So hatten 311 v. Chr. Antigonos Monophthalmos und sein Sohn Demetrios als Erste den Titel »Basileus« (»König«) angenommen. Rasch folgten andere Diadochen ihrem Beispiel. Weitreichende Eroberungen des Antigonos ließen die anderen Diadochen um ihre Macht und ihren Einfluss fürchten. In der Schlacht von Ipsos trafen schließlich Antigonos' und Demetrios' Armeen auf die Heere von Seleukos, Lysimachos und Kassandros. Die Niederlage und der Tod des Antigonos in diesem Kampf bedeuteten das definitive Ende der Reichseinheit.

Die Auseinandersetzungen zogen sich mit wechselnden Konstellationen noch weitere 20 Jahre hin. Die endgültige Entscheidung fiel erst 281 v. Chr. in der Schlacht von Kurupedion in Lydien, in der Seleukos gegen Lysimachos siegte. Lysimachos hatte die anderen bis zu diesem Zeitpunkt an Macht und Einfluss weit übertroffen. Mit seinem Tod begann die Ära eines labilen Gleichgewichts. Jetzt bildeten sich auf dem Boden des ehemaligen Alexanderreiches jene monarchisch regierten Großreiche heraus, die bis zum Eingreifen der Römer das staatliche und politische Profil der hellenistischen Welt prägten.

Reich verzierter Grabstein eines bithynischen Offiziers namens Menas, der in der Schlacht von Kurupedion 281 v. Chr. getötet wurde

Die hellenistischen Königreiche

In klassischer Zeit hatten die meisten Griechen in Stadtstaaten gelebt. Der Hellenismus brachte ihnen den von einem König regierten Territorialstaat und damit Weiträumigkeit. So umfasste das Reich der Seleukiden, eines der neuen Großreiche, zum Zeitpunkt seiner größten Ausdehnung in der ersten Hälfte des 3. Jahrhunderts v. Chr. eine Fläche von 3,5 Millionen Quadratkilometern.

Die Herrschaft von Monarchen war neu für die Griechen. Die Königreiche der Minoer und Mykener waren längst untergegangen. Sonst hatten allein die Makedonen und einige Stammesstaaten monarchische Führungen. Das persisch-orientalische absolute Königtum beeinflusste die hellenistische Herrschaft. Sichtbarsten Ausdruck fand dies in der Einführung eines Herrscherkultes, in dessen Rahmen man dem König gottgleiche Ehrungen erwies. Allen hellenistischen Monarchien gemein war das dynastische Prinzip: Jeder Herrscher bemühte sich, die Macht in der Familie zu behalten. Um die Herrschaft nach außen hin zu repräsentieren, schuf man prächtige Residenzstädte, bei denen man nach persischem Vorbild keine Kosten und Mühen scheute. Die Finanzierung bereitete den hellenistischen Königen keine Probleme, denn von Rechts wegen waren die Territorien, über die sie herrschten, ihr persönlicher Besitz – und damit auch die Einnahmen aus Landwirtschaft, Bergbau und Handel.

Metropolen des Hellenismus

Alexandria – Hauptstadt und Residenz der Ptolemäer in Ägypten

Antiochia – Residenz der Seleukiden (heute Antakya in der Südosttürkei)

Apameia – Am Fluss Orontes gelegenes Zentrum der Seleukiden (heute in Syrien)

Dura Europos – Gründung der Seleukiden am mittleren Euphrat (heute in Syrien)

Lysimacheia – Gründung des Diadochen Lysimachos in Thrakien (heute in der Nordwesttürkei, an der Schnittstelle Europa/Asien)

Pella – Hauptstadt des makedonischen Reiches

Pergamon – Hauptstadt der Attaliden (heute Bergama in der Westtürkei)

Samosata – Residenz der hellenistischen Könige von Kommagene (heute Samsat in der Türkei)

Seleukia – Zweitresidenz der Seleukiden am Tigris (heute im Irak)

Römischer Marmorkopf des Seleukidenkönigs Antiochos III. aus dem 3./2. Jahrhundert v. Chr.

Zum persönlichen Besitz der Könige gehörten darüber hinaus die Menschen, die in ihrem Herrschaftsgebiet lebten. Hatte Alexander der Große, vor allem aus herrschaftspolitischen Gründen, noch darauf geachtet, ein harmonisches oder wenigstens friedliches Verhältnis zwischen den Eroberern aus dem Westen und der einheimischen Bevölkerung zu etablieren, so änderte sich diese Haltung unter den hellenistischen Königen grundlegend. Alle Spitzenpositionen in Politik, Militär und Verwaltung waren für Makedonen oder Griechen reserviert. Überall galt Griechisch als offizielle Amtssprache. Viele Griechen verließen in dieser Zeit die Heimat und wanderten in die neuen Monarchien im Osten aus, wo sie als begehrte Arbeitskräfte schnell zu Reichtum und Wohlstand gelangen konnten. Diese Emigranten waren auch für die Ausbreitung der griechischen Kultur in Asien verantwortlich, etwa indem sie ihre Götter mitbrachten oder Gymnasien gründeten. Umgekehrt interessierten sie sich aber auch für die orientalischen Religionen, sodass es zu einem intensiven Austausch der Kulturen kam.

Die hellenistische Staatenwelt, so wie sie sich in den Diadochenkriegen herausgebildet hatte, bestand aus drei Großreichen, einigen kleineren Reichen sowie einer Reihe autonomer Stadtstaaten. Zu den Großreichen gehörten die der Antigoniden, der Seleukiden und der Ptolemäer. Diese Bezeichnungen sind auf die Diadochen zurückzuführen, die als Gründerväter der Dynastien in Erscheinung getreten waren.

Bei den Antigoniden war dies Antigonos Monophthalmos. Das Herrschaftsgebiet der Antigoniden umfasste Makedonien und Griechenland. Probleme gab es wiederholt mit den Griechen, von denen sich viele nicht mit dem Autonomieverlust abfinden wollten. So bildeten sich in dieser Zeit mit dem Achäischen Bund auf der Peloponnes und dem Aitolischen Bund in Mittelgriechenland regional übergreifende Bündnissysteme. Sie sollten ein machtpolitisches Gegengewicht zu der hegemonialen Politik der Antigoniden bilden, konnten deren Herrschaft letztlich aber nicht ernsthaft in Gefahr bringen.

Das territorial größte Gebiet war das Reich der Seleukiden, das auf den Diadochen Seleukos zurückging. Es erstreckte sich von Kleinasien über Syrien und den Vorderen Orient weit nach Osten bis an die Grenzen Indiens. Jedoch gingen bereits im 3. Jahrhundert v. Chr. viele der östlichen Territorien wieder verloren. So etablierte sich in dieser Zeit im Iran mit den Parthern, die von der Dynastie der Arsakiden regiert wurden, eine neue indigene Führungsschicht. Den Seleukidenkönigen gelang es nicht, ihren Vielvölkerstaat effizient zu regieren. Sie vergaben die meisten Positionen in Politik, Gesellschaft und Wirtschaft an griechische Eliten, kaum an Einheimische. Beispielsweise erreichten nur knapp 2,5 Prozent der nichtgriechischen Bevölkerung höhere Ämter in der Verwaltung. Wegen der guten beruflichen Chancen kamen zudem viele Griechen in das Reich der Seleukiden, wo sie sich vor allem in Städten niederließen. Die wichtigsten urbanen Zentren waren Antiochia (heute Antakya im türkisch-syrischen Grenzgebiet) und Seleukia am Tigris.

Mit Ägypten hatte der Diadoche Ptolemaios – Stammvater der Dynastie der Ptolemäer – das beste Los gezogen. Zum Herrschaftsbereich der Ptolemäer gehörte nicht allein das Land am Nil. Auch das westlich benachbarte Kyrene im heutigen Libyen sowie einige Inseln der Ägäis standen zeitweilig oder dauerhaft unter der Kontrolle der in Alexandria residierenden Könige. Sie fanden in Ägypten eine jahrtausendealte Kultur vor, an deren administrative Strukturen sie nahtlos anknüpfen konnten. Natürliche Ressourcen wie Getreide und Papyrus bildeten beste Voraussetzungen für florierenden Handel und volle Staatskassen. Für optimale Finanzen sorgte auch der Einfallsreichtum, den die Ptolemäer bei der Erfindung immer neuer Steuern unter Beweis stellten. So gab es im ptolemäischen Ägypten eine Biersteuer, eine Weinsteuer, eine Salzsteuer und eine Ärztesteuer. Die Ptolemäer und ihre überwiegend mit Griechen und Makedonen besetzte Verwaltung genossen keine große Sympathie bei der einheimischen ägyptischen Bevölkerung.

Ptolemäische Tasse,
3. Jahrhundert v. Chr.

Nach den Diadochen: Wichtige Protagonisten im Kurzporträt

Antigoniden

Antigonos II. Gonatas (319–239 v. Chr.), Sohn des Demetrios Poliorketes, König von Makedonien 277–239 v. Chr. Sicherte die Herrschaft der Makedonen in Griechenland

Philipp V. (238–179 v. Chr.), König von Makedonien 221–179 v. Chr. Seine Expansionspläne lösten die römische Eroberung 200–197 v. Chr. aus. Musste vertraglich auf einen großen Teil seines Territoriums verzichten

Perseus (ca. 212–165 v. Chr.), Sohn Philipps V., letzter König von Makedonien (179–168 v. Chr.). Lebte nach der Niederlage gegen die Römer in der Schlacht von Pydna (168 v. Chr.) in römischer Gefangenschaft

Seleukiden

Antiochos III., Beiname »der Große« (ca. 240–187 v. Chr.), König des Seleukidenreiches 223–187 v. Chr. Expandierte im Osten, unterlag 189 v. Chr. den Römern in der Schlacht von Magnesia und wurde bei der Plünderung eines Tempels im Iran erschlagen

Antiochos IV. Epiphanes (ca. 215–164 v. Chr.), Sohn von Antiochos III., König des Seleukidenreiches 175–164 v. Chr. Löste mit dem Eingreifen in Palästina 167 v. Chr. den jüdischen Makkabäeraufstand aus

Ptolemäer

Ptolemaios II. Philadelphos (308–246 v. Chr.), Sohn von Ptolemaios I., König von Ägypten 283–246 v. Chr. Führte drei Kriege gegen die Seleukiden und förderte Wissenschaft und Kultur

Ptolemaios III. Euergetes I. (ca. 284–221 v. Chr.), Sohn von Ptolemaios II., König von Ägypten 246–221 v. Chr. Expandierte nach Mesopotamien und verschaffte dem Reich der Ptolemäer seine größte Ausdehnung

Ptolemaios VIII. Euergetes II. (ca. 182–116 v. Chr.), König von Ägypten 145–116 v. Chr. Hatte mit Intrigen und dynastischen Problemen zu kämpfen

Ptolemaios XII. Neos Dionysos (ca. 115–51 v. Chr.), König von Ägypten 80–58 v. Chr. Nach Vertreibung durch die Bevölkerung erneut 55–51 v. Chr. König von Ägypten

Kleopatra VII. (69–30 v. Chr.), Tochter von Ptolemaios XII., letzte Königin von Ägypten 47–30 v. Chr. Hielt sich dank der Römer Caesar und Antonius an der Macht, beging Selbstmord, als Octavian (der spätere Kaiser Augustus) Alexandria eroberte

In Kleinasien bildete sich nach der Schlacht von Kurupedion und aufgrund der problembeladenen Herrschaft der Seleukiden eine Reihe von kleineren Königreichen heraus, denen es gelang, ihre Unabhängigkeit von den Großmächten zu bewahren. Das Territorium der in Pergamon ansässigen Dynastie der Attaliden erstreckte sich im Laufe der Zeit über weite Teile des westlichen und mittleren Kleinasiens. Die Attaliden schufen bedeutende Kunstwerke wie den berühmten Pergamonaltar.

Weitere selbstständige Machtbereiche entstanden in Bithynien, Pontos, Kappadokien und Kommagene. Auch der Insel Rhodos gelang es, ihre Autonomie zu bewahren und darüber hinaus rege handelspolitische Aktivitäten zu entfalten.

Die Strahlkraft der hellenistischen Kultur erreichte auch den Westen des Mittelmeergebietes. In Syrakus auf Sizilien und in Rom fand die hellenistische Kultur viele Anhänger, insbesondere in Kreisen des Adels.

Eine neue Weltkultur

Das Zeitalter des Hellenismus stellt den Höhepunkt antiker Kultur dar. In keiner anderen Epoche wurden auf den verschiedensten Gebieten so herausragende Leistungen erbracht. Der Hellenismus lief in dieser Hinsicht auch der klassischen Zeit den Rang ab. Diese Feststellung hätte man vor 200 oder 100 Jahren nicht treffen können, ohne bei Altertumsfreunden heftigen Protest hervorzurufen. Damals erhob man das 5. Jahrhundert v. Chr. zur goldenen Ära der Griechen und sah im Hellenismus eine Zeit der Verfalls. Dabei wurde aber Wandel mit Niedergang gleichgesetzt.

Aus zwei Gründen zählt die Zeit nach Alexander dem Großen zu den kulturell produktivsten Phasen der Geschichte, nicht nur der Antike. Zum einen war die Welt größer geworden. Griechen gingen in den Orient und ließen sich von der dortigen Kultur inspirieren. Die Orientalen wiederum setzten sich intensiv mit der Mentalität und den Errungenschaften der Griechen auseinander. Daraus resultierte ein für Kultur und Wissenschaften außerordentlich förderliches Klima. Zum anderen gab es im Hellenismus erstmals in der antiken Geschichte eine staatlich geförderte Kulturpolitik. Besonders die Ptolemäer in Ägypten und die Attaliden in Pergamon stachen in dieser Hinsicht hervor. So wie die hellenistischen Reiche aus den Rivalitäten der Diadochen entstanden waren, so waren die von den Königen forcierten Höchstleistungen in Kunst und Wissenschaft ebenfalls das Ergebnis eines Wettbewerbs um Prestige und Renommee.

In Alexandria entstand dank der königlichen Mäzene die größte Bildungs- und Forschungsinstitution der gesamten antiken Welt, das sogenannte Museion, in dem man hoch bezahlte Gelehrte aus aller Welt beschäftigte. Die Bibliothek von

Alexandria wies eine Rekordzahl von 700 000 Büchern auf. Mathematik, Medizin und Geografie waren die Paradedisziplinen der in Alexandria tätigen Wissenschaftler, die von neidischen Kollegen wegen der üppigen Gehälter als »gemästete Hühner« bezeichnet wurden.

Die Attaliden in Pergamon konnten ebenfalls eine berühmte Bibliothek vorweisen, die mit 200 000 Büchern jedoch nicht an die Bestände der Einrichtung in Alexandria herankam. Dafür lockten die Könige viele berühmte Gelehrte in ihre Metropole, etwa den einflussreichen Philosophen Panaitios von Rhodos oder den Universalgelehrten Krates von Mallos, der im 2. Jahrhundert v. Chr. den ersten Erdglobus konstruierte.

Als Kulturträger ersten Ranges galten die Gymnasien. Diese Sport- und Bildungsstätten für junge Männer entstanden überall dort, wo Griechen siedelten. Aber auch Nichtgriechen konnten diese Einrichtungen besuchen. Finanziert wurden die Institutionen von reichen Bürgern, die auf diese Weise ihr soziales und kulturelles Engagement hervorheben konnten. Als Dank zeichnete man die Stifter mit dem Ehrentitel »Euergetes« (»Wohltäter«) aus, den auch die spendablen Könige als Beinamen trugen.

Der internationale, weltoffene Geist, der durch die hellenistische Kulturwelt wehte, machte sich am deutlichsten in der Philosophie und in der Religion bemerkbar. Hier zeigte sich das neue Lebensgefühl, das nicht mehr, wie noch in klassischer Zeit, die Gemeinschaft, sondern das Individuum in den Mittelpunkt stellte. Mit dem Ende der Polisgesellschaften und dem Aufkommen der hellenistischen Königreiche waren vertraute gesellschaftliche Strukturen verloren gegangen. Die Menschen suchten Sicherheit und Orientierung und fanden sie in neuen philosophischen und religiösen Lehren.

Als ein prominenter Vertreter der hellenistischen Philosophie gilt Epikur (342–271 v. Chr.). Im Jahr 307 v. Chr. gründete der aus Samos stammende Gelehrte in Athen eine eigene Schule. Dort entwickelte er Strategien, die den Menschen helfen sollten, ihr Glück zu finden. Der zentrale Begriff ist die *eudaimonía*, was sich am besten mit »Seelenfrieden« übersetzen lässt. Dieser Zustand sei durch *hedoné* und *ataraxía* zu erreichen, durch »Freude« und »Unerschütterlichkeit«. Unter der Freude verstand Epikur nicht blanken Hedonismus im Sinne von Luxus und Prasserei, sondern »keine Schmerzen im Körper [zu] haben und keine Unruhe in der Seele [zu] verspüren«. Losmachen sollte sich der nach Glück strebende Mensch von der Furcht vor den Göttern und dem Tod.

Etwa zeitgleich mit Epikur eröffnete der aus Kition auf Zypern stammende Zenon (336–ca. 264 v. Chr.) im Zentrum Athens eine Schule in einer bunt bemalten Säulenhalle. Von ihrem griechischen Name *stoa poikile* abgeleitet, nennt man die Schule Stoa und ihre Schüler Stoiker. Wie Epikur suchten die Stoiker nach Wegen, wie dem Menschen in turbulenten Zeiten zu innerer Ruhe zu verhelfen sei. Die Lösung fanden sie in der

Dieser nachkolorierte Holzstich aus dem 19. Jahrhundert gewährt einen Blick in eine Halle der Alexandrinischen Bibliothek. Von dem berühmten Bauwerk hat man bislang keine Überreste finden können.

apátheia, der Freiheit von Leidenschaften. Zenon vertrat – in Reaktion auf die durch die Eroberungen Alexanders und die hellenistischen Reiche größer gewordene Welt – den Kosmopolitismus: Die Menschen sollten sich überall zu Hause fühlen, die engen Schranken von Familie und Stadt sprengen.

Wer Hilfe und Orientierung nicht in der Philosophie fand, suchte sie in der Religion. Die alten olympischen Götter hatten zwar nicht ausgedient, wirkten aber wie Relikte aus vergangenen Zeiten. Konjunktur hatte hingegen eine Göttin namens Tyche, was man wahlweise mit Glück, Zufall oder Schicksal übersetzen kann. Ein Gefühl der Sicherheit vermochten auch die Könige zu vermitteln. Es entwickelte sich ein Herrscherkult, in dessen Rahmen die Untertanen den König in eigens eingerichteten Heiligtümern als Gott verehrten.

Trost spendeten zudem die zahlreichen Mysterienreligionen. Göttinnen und Götter aus dem Orient wie die ägyptische Isis, die kleinasiatische Kybele oder der persische Mithras vermittelten den Gläubigen zum einen das Empfinden von Exklusivität, denn die Geheimkulte erforderten eine besondere Initiation. Zum anderen gewährten sie eine positive Jenseitsperspektive, da Wiederauferstehung und ein Leben nach dem Tod zentrale Elemente der orientalischen Religionen waren. So wurde dem Christentum schon lange vor Jesus Christus der Weg geebnet.

Hellenistische Büste des Philosophen Epikur, 3. Jahrhundert v. Chr.

Technische und naturwissenschaftliche Errungenschaften des Hellenismus

Automaten auf hydraulischer und pneumatischer Basis
(verschiedene Ingenieure)

Berechnung des Erdumfangs
(Eratosthenes von Kyrene, 3./2. Jahrhundert v. Chr.)

Berechnung von Größe und Entfernung von Sonne und Mond in Beziehung
zum Erddurchmesser (Aristarchos von Samos, 3. Jahrhundert v. Chr.)

Feuerspritze und Wasserorgel
(Ktesibios von Alexandria, 3. Jahrhundert v. Chr.)

Hebegesetze und spezifisches Gewicht
(Archimedes von Syrakus, 3. Jahrhundert v. Chr.)

Kriegstechnologie und Belagerungsgeräte
(Demetrios Poliorketes, 4./3. Jahrhundert v. Chr.)

Leuchtturm von Alexandria
(Sostratos von Knidos,
3. Jahrhundert v. Chr.)

Das Eingreifen der Römer und der Untergang der hellenistischen Staatenwelt

Nur etwa 80 Jahre lang hatte die hellenistische Staatenwelt, so wie sie aus den Diadochenkriegen hervorgegangen war, Bestand. Gegen Ende des 2. Jahrhunderts v. Chr. gerieten die Königreiche mehr und mehr in das Visier der neuen Großmacht Rom, die nach den Kriegen gegen Karthago den gesamten westlichen Mittelmeerraum kontrollierte und nun begann, sich auch im Osten diplomatisch und militärisch zu engagieren.

An der Unterwerfung des Ostens durch die Römer hatten die hellenistischen Machthaber zu einem großen Teil selbst Schuld. Denn trotz der Bedrohung aus dem Westen gab es keine Solidarität unter den einzelnen Königreichen. Vielmehr setzte man die alten internen Grabenkämpfe fort, freute sich, wenn der Konkurrent in Bedrängnis geriet, und bereitete so der römischen Expansion den Boden. Symptomatisch für den Stil hellenistischer Politik waren die zahlreichen Kriege, die Ptolemäer und Seleukiden um den Besitz von Syrien führten, was beiden Seiten einen hohen finanziellen und logistischen Aufwand abverlangte.

Ausgelöst wurde das Eingreifen der Römer in die hellenistischen Konflikte durch die expansiven Aktivitäten des makedonischen Königs Philipp V., der um 200 v. Chr. versuchte, seine Herrschaft in der Ägäis auszubauen. Rhodos und Pergamon sahen sich bedroht und baten Rom um Hilfe. Mit der Niederlage Philipps V. gegen die Römer in der Schlacht von Kynoskephalai 197 v. Chr. begann der Abstieg der hellenistischen Königreiche. Während die Attaliden in Pergamon auf Rom setzten und dafür mit Territorien und Privilegien reich belohnt wurden, bedeutete die Niederlage von Perseus, dem Sohn Philipps V., bei Pydna 168 v. Chr. das faktische Ende des makedonischen Reiches.

Danach kam es zu Auseinandersetzungen zwischen Römern und Seleukiden. Letztere verloren sukzessive an Einfluss, bis ihre Herrschaft 64 v. Chr. endete. Wie Makedonien und Griechenland fiel auch ihr Territorium an Rom. Bereits zuvor, im Jahr 133 v. Chr., war Pergamon per testamentarischer Verfügung des letzten Königs Attalos III. in den Besitz Roms gelangt. Zuletzt erfolgte 30 v. Chr., nach dem Tod von Königin Kleopatra VII., die Eroberung des ptolemäischen Ägyptens. Die Ptolemäer hatten sich selbst durch endlose Thronstreitigkeiten geschwächt, konnten sich aber paradoxerweise am längsten von allen hellenistischen Reichen halten. Ihnen war der Umstand zugutegekommen, dass die Römer davor zurückschreckten, einen Statthalter mit der Verwaltung Ägyptens zu betrauen. Sie fürchteten, er könne sich selbst an den üppigen Ressourcen des Nillandes bereichern und dadurch zu viel Macht gewinnen.

Römische Legionäre durchbrechen in der Schlacht von Pydna 168 v. Chr. die makedonische Phalanx. Modernes Aquarell von Peter Connolly

DAS FRÜHE ROM

Wie die frühe griechische, so ist auch die frühe römische Geschichte umrankt von Mythen und Legenden, die sich einer Zeit widmen, in der sich aus einer unbedeutenden Siedlung von Hirten und Bauern eines der wichtigsten urbanen Zentren in Mittelitalien entwickelte. Entscheidenden Anteil am Aufstieg Roms hatten die Etrusker, die erste Hochkultur auf dem Boden Italiens. Eine etruskische Adelsdynastie übernahm die Herrschaft in Rom und Latium und legte den Grundstein für die spätere Dominanz der Stadt. 250 Jahre lang regierten Könige in Rom, dann vollzog sich der Übergang zur Republik, der in der Realität weniger spektakulär verlief, als es die Römer später in ihren patriotisch gefärbten Erzählungen beschrieben haben.

Von Aeneas bis Romulus: Mythen – Legenden – Realitäten

Die Gründungsgeschichte Roms ist eng mit Romulus und Remus verbunden. Die beiden Brüder waren die Söhne des Kriegsgottes Mars und der Rhea Silvia, die als Priesterin der Göttin Vesta eigentlich hätte keusch leben müssen. Doch Mars nahm darauf keine Rücksicht und bot erfolgreich all seine Verführungskünste auf. Rhea Silvia war unfreiwillig Priesterin geworden. Ihr Onkel Amulius hatte die Weihe veranlasst, nachdem er seinen Bruder Numitor, den Vater der Rhea Silvia und rechtmäßigen König der Stadt Alba Longa, vertrieben hatte. Als Rhea Silvia Zwillinge geboren hatte, fürchtete Amulius, diese könnten ihm später den Thron streitig machen. So ließ er Romulus und Remus in einem Korb auf dem Tiber aussetzen. Die Zwillinge wurden an Land gespült, von einer Wölfin gesäugt und von einem Hirten namens Faustulus aufgezogen. Sie töteten den Usurpator Amulius und verhalfen ihrem Groß-vater Numitor wieder auf den Thron. Anschließend beschlossen sie, in der Nähe von Alba Longa die Stadt Rom zu gründen. Nachdem Remus spottend den entstehenden Stadtmauerring übersprungen hatte, erschlug ihn sein Bruder. Der tödliche Streit machte Romulus zum alleinigen König von Rom.

Diese von den Römern verbreitete Gründungsgeschichte ist ein Mythos. Keine der genannten Figuren ist als historisch anzusehen. In der fantasievollen Rekonstrukti-on einer weit zurückliegenden Vergangenheit waren die Römer gelehrige Schüler der Griechen, die ebenfalls viel Mühe darauf verwandt hatten, sich eine möglichst beein-druckende Frühgeschichte zuzulegen. Wie die Erzählung von Romulus und Remus genau zustande gekommen ist, lässt sich heute nicht mehr zu-verlässig nachvollziehen. Die Römer jedenfalls glaubten daran. Sie pflegten die Erinnerung an Romulus, besuchten sein Grab auf dem Forum Romanum, verehrten Mars und erhoben die Wölfin zur Symbolgestalt der Stadt.

Der Mythos ist allerdings noch viel kom-plexer. In der Darstellung der Römer be-gann die Geschichte Roms nicht erst mit Romulus und Remus, sondern bereits mit Aeneas. Diesem eigentlichen Stammva-ter der Römer hat der Dichter Vergil mit dem Epos *Aeneis* ein literarisches Denk-mal gesetzt.

Aeneas war demzufolge ein Tro-janer und am Krieg gegen die Griechen beteiligt, der als Troja-nischer Krieg in die Annalen ein-gegangen ist. Mit seinem Vater Anchises auf den Schultern und seinem Sohn Ascanius an der Hand floh der Held aus der brennenden Stadt Troja. Es folgte eine ganze Serie von Abenteuern, deren Ähnlichkeit mit den Abenteuern des Odysseus

Die sogenannte Kapitolinische Wölfin ist vermutlich die berühmteste künstlerische Darstellung im Kontext des Mythos um Romulus und Remus. Lange galt die Wölfin als Schöpfung der Etrusker. Neuere Forschungen legen nahe, dass sie aus dem Mittelalter stammt. Unumstritten ist, dass man die beiden Knabenfiguren in der Renaissance ergänzt hat.

nicht zufällig ist. Vielmehr knüpften die Römer mit diesem Mythos ganz bewusst an den bei den Griechen populären Troja-Stoff an. Wahrscheinlich hatten die Römer die Geschichte von Aeneas sogar den Griechen zu verdanken. Seit dem 8. Jahrhundert v. Chr. siedelten Griechen in Süditalien und auf Sizilien. In den folgenden Jahrhunderten erlebten sie, wie sich die Römer zur vorherrschenden Macht in Italien aufschwangen. Die Griechen versuchten, neue Völker in den eigenen mythischen und kulturellen Horizont einzuordnen. So war für sie der Aufstieg Roms nachvollziehbarer, wenn sie deren Abstammung bis nach Troja zurückverfolgen konnten.

Im 1. Jahrhundert v. Chr. datierte der römische Historiker Varro die Gründung von Rom – übertragen in die heutige Zeitrechnung – auf den 21. April 753 v. Chr. Dabei diente ihm der Trojanische Krieg als Ausgangspunkt. Rom wurde nach seiner

Rechnung über 400 Jahre nach dem Ende Trojas gegründet. Die Zerstörung Trojas verortete er in der ersten Hälfte des 12. Jahrhunderts v. Chr. Andere Gelehrte, wie der römische Historiker Livius, legten das Gründungsjahr Roms auf 751 v. Chr. In jedem Fall galt es, die lange Zeit zwischen Aeneas auf der einen und Romulus und Remus auf der anderen Seite zu überbrücken. Mythenerfinder gaben sich alle Mühe, eine attraktive und abwechslungsreiche Geschichte zu schaffen.

»Aeneas flieht aus Troja«, Ölgemälde von Federico Barocci, 1598

Demnach landeten Aeneas und seine Gefährten nach vielen Abenteuern, die sie durch den gesamten Mittelmeerraum geführt hatten, schließlich in Italien. Hier mussten sie sich zunächst der Angriffe der einheimischen Latiner erwehren. Schließlich aber heiratete Aeneas Lavinia, die Tochter des Königs der Latiner. Nach dessen Tod wurde Aeneas König und gründete die Stadt Lavinium. Sein Sohn Ascanius wiederum war der Gründer von Alba Longa. Damit hatte man den Anschluss zur Geschichte von Romulus und Remus hergestellt. Um die Chronologie wahrscheinlicher zu gestalten, erhielten Numitor und Amulius noch eine ganze Reihe von Vorgängern, die alle der Linie des Aeneas entstammten.

Die mit griechischer Hilfe erstellte Frühgeschichte erlaubte es den Römern, eine Zeit mit Inhalt zu füllen, über die sie selbst keine oder nur wenige Informationen hatten. Sie konnten sich nun gegenüber den Griechen als ein Volk mit respektablen Ahnherren darstellen. Zugleich konnten sich später römische Aristokraten auf diese fiktive Vergangenheit beziehen und aus ihr Ansprüche ableiten. So geschah es etwa bei dem angesehenen Adelsgeschlecht der Iulier, deren wohl berühmtester Vertreter Gaius Iulius Caesar war. Die Iulier leiteten ihren Namen von Iulus ab – ein anderer Name für Ascanius.

INFO

Vergils *Aeneis* – Nationalepos der Römer

Publius Vergilius Maro (70–19 v. Chr.) stammte aus Mantua. Er gehörte zum engsten Freundeskreis des Kaisers Augustus. Sein bekanntestes Werk ist die *Aeneis*, in der der Dichter in zwölf Büchern die Geschichte des römischen Stammvaters Aeneas vom Fall Trojas bis zur Landung in Italien schildert. Das Epos ist inspiriert von den bei Homer geschilderten Irrfahrten des Odysseus. Aeneas repräsentiert römische Kardinaltugenden wie *virtus* (»Tapferkeit«) und *pietas*, den Respekt vor den Göttern und der Familie. Immer wieder verweist das Werk auf die spätere Größe Roms und auf wichtige Ereignisse der römischen Geschichte. So spielt etwa der Besuch des Aeneas bei der karthagischen Königin Dido im 4. Buch der *Aeneis* auf die Punischen Kriege an, die Rom und Karthago im 3. und 2. Jahrhundert v. Chr. um die Vorherrschaft im westlichen Mittelmeerraum führten.

Auch wenn die römische Gründungsgeschichte mehr über diejenigen aussagt, die sie erfunden haben, als über die historische Realität, so enthält sie doch einige authentische Elemente. Dazu zählt etwa die Einteilung der frühen Bevölkerung der Landschaft Latium, in deren Kerngebiet die Stadt Rom lag, in bereits ansässige und zugezogene Gruppen.

Archäologische und siedlungsgeografische Forschungen haben ergeben, dass Hirten und Bauern den Platz zwischen Tiber und den sieben Hügeln seit dem 10. Jahrhundert v. Chr. dauerhaft bewohnten. Eine günstig gewählte Stelle: Den Tiber konnte man zumindest teilweise mit Schiffen befahren, das Meer lag nah genug, um Handel zu treiben, und fern genug, um nicht in das Visier ungebetener Gäste zu geraten. Von städtischen Strukturen kann man zu diesem Zeitpunkt indes noch nicht sprechen. Dies änderte sich in der Mitte des 8. Jahrhunderts v. Chr., als sich der Einfluss der Etrusker in Rom politisch und kulturell bemerkbar machte. Das von den Römern postulierte Gründungsdatum stimmt also in etwa mit den archäologisch gesicherten Befunden überein.

Der verwundete Aeneas mit seinem Sohn Ascanius. Römische Wandmalerei aus Pompeji, 1. Jahrhundert n. Chr.

Die Etrusker und die Gründung von Rom

Rom entstand langsam, aber kontinuierlich, entwickelte sich aus kleinen, eher dörflichen Anlagen zu einem komplexen urbanen Gebilde. Die Geschichte Roms als Stadt begann damit, dass eine etruskische Adelsfamilie sie zu ihrer Residenz wählte. Die Siedlungsgebiete der Etrusker, dieser ersten Hochkultur Italiens, lagen in der heutigen Toskana, zwischen den Flüssen Arno im Norden und Tiber im Süden. Der Name der Landschaft leitet sich von dem lateinischen Begriff *Tusci* ab, mit dem die Römer später die Etrusker bezeichneten.

Der Höhepunkt der etruskischen Kultur lag zwischen dem 9. und dem 4. Jahrhundert v. Chr. Gegenüber den anderen Völkerschaften zu dieser Zeit in Italien waren die Etrusker erstaunlich hoch entwickelt. So verfügten sie ab etwa 700 v. Chr. über eine Schrift, deren vollständige Entzifferung bis heute nicht gelungen ist. Von den von ihnen gegründeten Städten gibt es zwar kaum noch archäologische Spuren, aber die erhaltenen Nekropolen, die Totenstädte, vermitteln einen Eindruck von der Qualität ihrer Architektur. Aus den Grabbeigaben kann man zudem das hohe Niveau ihres Kunsthandwerks ablesen. Ebenso verstanden sie sich auf die Technik der Metallverarbeitung. Dank ihrer Schiffe konnten sie intensiven Handel treiben, wobei sie mit den Karthagern und den Griechen konkurrierten.

Politisch waren die Etrusker zu keinem Zeitpunkt in einem einheitlichen Reich organisiert. Ähnlich wie in Griechenland gab es eine Reihe selbstständiger, monarchisch regierter Stadtstaaten. Zeitweilig schlossen sich die zwölf wichtigsten Städte, darunter Caere, Populonia und Tarquinia, zu einem losen Bündnis zusammen. Der König herrschte zusammen mit den Häuptern der Adelsfamilien, die mit ihren opulenten Grabbauten ihren Reichtum demonstrierten. Angesichts ausschließlich patriarchalischer Strukturen bei den Völkern im vorrömischen Italien ist der Umstand bemerkenswert, dass die Frauen der Etrusker, jedenfalls in den Reihen der Adligen, eine wichtige soziale Rolle spielten. Dies dokumentieren etwa Sarkophage, auf denen die Eheleute offenbar gleichberechtigt dargestellt sind.

Schon in der Antike diskutierte man intensiv und kontrovers die Frage nach der Herkunft der Etrusker. Der griechische Historiker Herodot meinte im 5. Jahrhundert v. Chr., die Etrusker seien aus Kleinasien nach Italien eingewandert. Andere Gelehrte, wie der Geschichtsschreiber Dionysios von Halikarnassos aus dem 1. Jahrhundert v. Chr., vertraten die Ansicht, sie seien schon immer in Italien beheimatet gewesen. Viele Forscher teilen heute die Meinung Herodots, weil sich die Etrusker in kultureller Hinsicht deutlich von den zu ihrer Zeit in Italien lebenden Völkern unterschieden. Doch ist es empfehlenswert, von der Vorstellung einer geschlossenen Einwanderung Abstand zu nehmen. Vielmehr geht man heute davon

102
103
Die Geschichte der Antike | *Das frühe Rom*
Die Etrusker und die Gründung von Rom

aus, dass sich die Etrusker in einem längeren Prozess herausbildeten, bei dem sich sowohl einheimische als auch eingewanderte Völker zusammenschlossen.

Im Verlauf des 8. Jahrhunderts v. Chr. begannen sich die Etrusker über die Toskana hinaus in Richtung Süden auszudehnen. Zeitweise erstreckte sich ihr Einfluss bis nach Kampanien. So geriet auch die kleine Siedlung der Hirten und Bauern am Tiber in das Visier der Etrusker. Die etruskische Dynastie, die sich die Kontrolle über diesen Platz sicherte, muss dessen strategische und wirtschaftliche Vorteile für die Errichtung einer Stadt erkannt haben. Für die Mitte des 8. Jahrhunderts v. Chr. kann man archäologisch einen Ausbau der Anlagen auf dem Palatin, einem der topografisch markanten sieben Hügel von Rom, nachweisen. Ob es sich dabei allerdings schon um etruskische Spuren handelt, lässt sich nicht eindeutig bestimmen. Überhaupt herrscht unter den Forschern, die sich mit der römischen Frühgeschichte beschäftigen, kein Konsens darüber, wann und wie die Übernahme der Herrschaft durch die Etrusker genau verlaufen ist. Die römische Überlieferung lässt die etruskische Periode der Geschichte Roms erst mit dem Ende des 7. Jahrhunderts v. Chr. beginnen.

Vermutlich bildeten die Etrusker zusammen mit den ansässigen vermögenden Latinern eine neue Adelsschicht. Als sicher kann gelten, dass der Name »Rom« selbst etruskisch ist. Wahrscheinlich geht er zurück auf »Rumina«, den Namen jener etruskischen

Ein aus Terrakotta gefertigter etruskischer »Ehegattensarkophag«, um 510 v. Chr.

Adelsfamilie, die der Stadt zum Aufstieg verhalf. Denn dank der wirtschaftlich kompetenten Etrusker prosperierte die Stadt bald und wirkte wie ein Magnet auf das überwiegend agrarisch geprägte Umland, sodass Menschen unterschiedlichster Herkunft in das Zentrum zogen. Auch diese Entwicklung ging in die mythologische Stadtgeschichte ein. So bot die Erzählung vom »Raub der Sabinerinnen« eine, wenn auch fiktive Erklärung für die vielen Sabiner in der Stadt, ein ursprünglich zwischen Tiber und Apennin angesiedeltes Volk: Romulus habe bemerkt, so berichten antike Autoren wie Livius und Plutarch, dass es in der Stadt zu viele Männer und zu wenige Frauen gab. Deswegen fasste er einen perfiden Plan. Er lud die vornehmen Häupter der Sabiner samt ihren Töchtern zu einem Fest nach Rom ein. Als alle feiernd beieinandersaßen, griffen römische Soldaten plötzlich zu den Waffen, vertrieben die männlichen Gäste und bemächtigten sich der Frauen. Nicht lange danach kehrten die Sabiner zurück, um mit Waffengewalt die Frauen zurückzuholen. Mit ihrem König Titus Tatius an der Spitze nahmen sie das Kapitol ein. Doch dank des Eingreifens der geraubten Sabinerinnen, die inzwischen Gefallen an ihren Entführern gefunden hatten, kam es zu einem friedlichen Ausgang. Der Kampf wurde eingestellt und Romulus beförderte Titus Tatius zu seinem Mitregenten.

Großen Einfluss hatten die Etrusker auf den Städtebau. Dies betraf die

»Der Raub der Sabinerinnen«, Ölgemälde von Nicolas Poussin, um 1637

Tempelarchitektur ebenso wie die profane städtische Infrastruktur. Ein technisches Meisterwerk stellte dabei eine zentrale Abwasseranlage dar. Diese *Cloaca maxima* diente zunächst dazu, den Baugrund für das Forum Romanum trockenzulegen. Später nutzte man sie, um die Abwässer der Stadt in den Tiber zu leiten – eine wichtige hygienische Leistung.

Auch übernahmen die Römer von den Etruskern religiöse Gebräuche. Da die Römer in späteren Zeiten lieber Bekanntes bewahrten, als Unbekanntes zu erproben, überdauerten manche dieser Gebräuche die Republik und die Kaiserzeit. So zogen römische Feldherren nach einer siegreichen Rückkehr aus dem Krieg in einem Triumphzug durch die Stadt, wie es bereits die etruskischen Armeeführer getan hatten, um den Göttern ihren Dank zu erweisen.

Ebenso waren die Römer im Bereich der Weissagung gelehrige Schüler der Etrusker. Sogenannte Haruspizes (von lat. *haruspex*, »Opferschauer«) lasen den Willen der Götter aus den Eingeweiden von Tieren, wobei nach ihrer Überzeugung die Leber die besten Informationen lieferte. Auguren (von lat. *augur*, »Vogelschauer«) wiederum trafen ihre Zukunftsvorhersagen anhand der Beobachtung des Vogelflugs. Die Römer fällten keine wichtige politische oder militärische Entscheidung, ohne zuvor ein Gremium der Auguren konsultiert zu haben.

Von den Etruskern übernahmen die Römer auch die Tradition, die sogenannten Liktoren, die Leibgarde der obersten Magistrate, mit Rutenbündeln (lat. *fasces*) auszustatten, in denen ein Beil steckte. Im 20. Jahrhundert griffen die italienischen Faschisten unter Mussolini diese Symbolik wieder auf.

Das Ende der etruskischen Könige

Unter den etruskischen Herrschern erlebte die Stadt Rom ihre erste Blütezeit. Sie wurde zur führenden Metropole in Latium, auch wenn sich ihr außenpolitischer Einfluss noch in Grenzen hielt. Die Quellen sprechen von Auseinandersetzungen mit den benachbarten Völkern, die Rom aber nicht über den Status einer Regionalmacht hinausbrachten.

Der König herrschte zusammen mit den Häuptern der Adelsfamilien, die allerdings nur eine beratende Funktion hatten. Das Verhältnis zwischen dem Herrscher und dem Adel scheint lange Zeit intakt gewesen zu sein. Eine Zäsur stellt das Jahr 509 v. Chr. dar, in dem der Sage nach der letzte römische König Tarquinius Superbus – der Beiname »Superbus« bedeutet »der Hochmütige« – gestürzt worden sein soll. Er wird in den Quellen als Tyrann geschildert, der mit seiner eigenmächtigen Politik den Adel und auch das Volk gegen sich aufbrachte. Den Ausschlag für seine

106
107
Die Geschichte der Antike | Das frühe Rom
Das Ende der etruskischen Könige

Absetzung gab die Affäre um Lucretia, die keusche Gattin des Adligen Lucius Tarquinius Collatinus. Sextus Tarquinius, der Sohn des Königs, verging sich an ihr, worauf sie aus Scham Selbstmord beging. Lucretias Ehemann, sein Freund Lucius Iunius Brutus sowie weitere Aufständische rächten den Tod der Lucretia, vertrieben den Tyrannen und riefen die Republik aus. Lucius Tarquinius Collatinus und Lucius Iunius Brutus wählte man zu den ersten Konsuln Roms.

Diese Schilderung ist historisch nicht sehr glaubwürdig. Quellen aus der Zeit selbst gibt es nicht und die späteren sind stark tendenziös: Tarquinius und seiner Familie werden alle denkbaren Schandtaten zur Last gelegt, Lucius Iunius Brutus und seine adligen Mitstreiter hingegen erscheinen als heroische Lichtgestalten und Freiheitskämpfer. Vielleicht hat man den Helden Lucius Iunius Brutus schlicht erfunden, um dem Übergang von der Königszeit zur Republik einen dramatischen Anstrich zu verleihen. Er verkörpert in auffällig idealtypischer Weise die von den römischen Aristokraten später propagierten Eigenschaften eines disziplinierten Römers, dem das Wohl des Vaterlandes wichtiger war als das eigene Schicksal: Als zwei von Brutus' Söhnen nach Einrichtung der Republik mit Anhängern des gestürzten Königs konspirierten, ließ er sie festnehmen, zum Tode verurteilen und in seiner Gegenwart hinrichten.

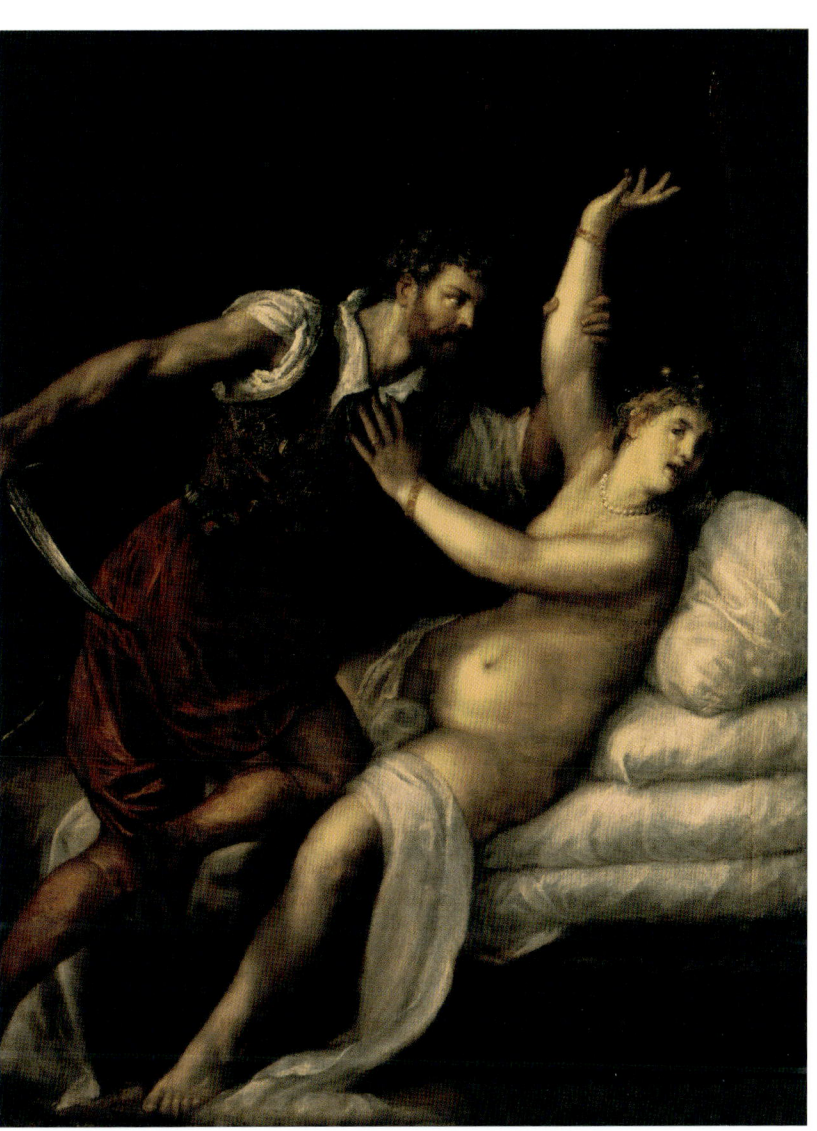

»Tarquinius und Lucretia«, Ölgemälde von Tizian, um 1570

Bei einer kritischen Sicht auf die Quellen erscheint das Ende der Königszeit und der Beginn der Republik weitaus weniger spektakulär und revolutionär. Vielmehr nahm die Macht des Königs schleichend ab, während das Selbstbewusstsein des Adels zunahm. Wahrscheinlich verzichtete man nach dem Tod des letzten Herrschers darauf, einen Nachfolger zu installieren. Stattdessen gingen die königlichen Befugnisse auf den Adel über. In den Quellen setzt die republikanische Ordnung unmittelbar nach dem Ende des Tarquinius Superbus ein. Zwei Konsuln teilten sich demnach die königliche Macht und der Senat als der »Rat der Ältesten« stand den Magistraten zur Seite. Doch auch hier haben die Quellen einen längeren Prozess zu einem einmaligen Akt komprimiert, denn die Verfassung der Republik entwickelte sich erst allmählich, und das eigentliche Regierungszentrum war der Senat.

»Die Liktoren bringen Brutus seine toten Söhne«, Ölgemälde von Jacques-Louis David, 1789

Nach den Erfahrungen der Königszeit und von dem zentralen Gedanken geleitet, eine Alleinherrschaft künftig zu verhindern, bemühte man sich vor allem darum, die politische Macht zeitlich zu limitieren. So bildete sich in der ersten Hälfte des 5. Jahrhunderts v. Chr. die Praxis heraus, Ämter nur für ein Jahr zu vergeben. Neben dieses

INFO

Lucius Iunius Brutus – erste Lichtgestalt der römischen Geschichte

Lucius Iunius Brutus, der Sage nach erster Konsul Roms, wurde von den Römern hoch verehrt. Eine Statue des Helden der Republik befand sich auf dem Kapitolshügel in Rom, umgeben von den Bildnissen der sieben römischen Könige. Dargestellt war er mit dem Schwert in der Hand, als Symbol für den Sturz der Monarchie. In den Kämpfen der späten Republik wurde die Erinnerung an den Ahnherr republikanischer Freiheit wieder aktiviert durch seinen Namensvetter Marcus Iunius Brutus (85–42 v. Chr.), einer der Mörder Caesars. Der Ruhm des Brutus wirkte sogar weit über die Antike hinaus. Die Vorkämpfer der Französischen Revolution erhoben ihn zu einem ihrer großen Idole. Berühmt ist das Bild des Revolutionsmalers Jacques-Louis David »Die Liktoren bringen Brutus seine toten Söhne« von 1789. Es zeigt Brutus in dem Moment, als ihm seine Leibgarde die Leichen seiner Söhne bringt. Sie waren auf seinen Befehl hingerichtet worden, nachdem sie sich gegen ihn verschworen hatten, um den König wieder einzusetzen.

Prinzip der Annuität (von lat. *annus*, »Jahr«) trat das der Kollegialität: Kein Magistrat sollte das Amt allein bekleiden dürfen, stets hatte ein Kollege an seiner Seite zu sein, der ihn kontrollieren sollte. Und wer in Rom das höchste Amt, das des Konsuls, erreichen wollte, musste zuvor eine genau vorgeschriebene Ämterlaufbahn absolvieren. Diese begann mit dem Amt des für Finanzen zuständigen Quästors. Darauf folgte das Amt des Ädilen, dem die Aufsicht über Märkte, Straßen und Tempel oblag. Den Abschluss bildete die Position des Prätors, der für die Rechtsprechung zuständig war. Das Volk – die Masse der freien, männlichen Bürger – band man insofern in die Politik ein, als dass es in der Volksversammlung die Magistrate wählte und über die Gesetze abstimmte.

DIE RÖMISCHE REPUBLIK

Nach dem Ende der Königszeit war Rom fast 500 Jahre lang eine Republik. Diese Bezeichnung leitet sich ab von dem lateinischen Begriff *res publica*, was wörtlich »öffentliche Sache« und allgemeiner »Staat« bedeutet. In der römischen Republik herrschte der Adel. Aus dem Konflikt zwischen der alten Elite der Patrizier und den aufstrebenden Plebejern bildete sich in den sogenannten Ständekämpfen mit der Nobilität eine neue Führungsschicht heraus.

Im 5. und 4. Jahrhundert v. Chr. entwickelte sich Rom zur Vormacht in Italien. In den Punischen Kriegen gegen die Handelsmacht Karthago errang Rom die Herrschaft über den westlichen Mittelmeerraum. Es folgten Kriege gegen die hellenistischen Königreiche im Osten, die dazu führten, dass sich das Imperium Romanum als größtes imperiales Machtgebilde der antiken Welt von Spanien bis nach Syrien erstreckte.

Innerhalb der römischen Aristokratie kam es im 2. und 1. Jahrhundert v. Chr. zu schweren Auseinandersetzungen, die schließlich zum Ende der Republik und zu einer neuen Monarchie führten. Diese Phase der römischen Geschichte ist von den Quellen her am besten dokumentiert. Viele prominente Personen haben sie geprägt – von Tiberius Gracchus über Sulla und Pompeius bis zu Caesar und Octavian, der sich später Augustus nannte und der erste römische Kaiser wurde.

Die Ständekämpfe

Im Jahr 494 v. Chr. zog eine Schar von Menschen über das *pomerium*, die alte Stadtgrenze, hinauf zum *Mons sacer*, dem »heiligen Berg«, einem Hügel im Norden der Stadt. Bei den Demonstranten handelte es sich um Plebejer (von lat. *plebs*, »Menge,

Volk«). Die *Secessio plebis*, der »Auszug des Volkes«, markiert den Beginn der Ständekämpfe, die erst 287 v. Chr. zu einem Abschluss kamen. Noch zwei weitere Male griffen die Plebejer im Verlauf des 5. Jahrhunderts v. Chr. zu diesem Mittel. Dadurch wollten sie die Patrizier dazu bewegen, ihnen mehr politische Rechte und soziale Gleichstellung zu gewähren.

Der Begriff »Ständekämpfe«, der sich für diesen langwierigen Konflikt innerhalb der römischen Gesellschaft in der modernen Geschichtswissenschaft eingebürgert hat, ist insofern nicht präzise, als dass sich die Plebejer zum Beginn der Auseinandersetzungen gar nicht als Angehörige eines Standes sahen. Erst am Ende der Auseinandersetzungen konstituierten sich die Plebejer als Stand mit einem entsprechenden Standesbewusstsein.

Die Patrizier (von lat. *patres*, »Väter«) gehörten dem alten Adel an. Diesen Status hatten sie aufgrund von Grundbesitz und militärischen Leistungen in der Königszeit erworben. Eifersüchtig wachten sie über die Privilegien, die sie im Staat besaßen. Im Senat saßen nur Patrizier, sie bekleideten alle wichtigen Ämter und schlossen sich als elitäre Gruppe nach außen ab. Entsprechend trafen sie alle politischen Entscheidungen. Auch die einflussreichen Priesterstellen waren unveräußerlicher, erblicher Besitzstand des alten Adels.

Romulus, der Gründer von Rom, teilt das Volk in Patrizier und Plebejer. Nachkolorierter Kupferstich von Matthäus Merian dem Älteren, 1630

Zu den Plebejern gehörten im Prinzip all diejenigen, die keine Patrizier waren. Römische Quellen behaupten, Romulus habe die Bevölkerung in Patrizier und Plebejer eingeteilt. Hier macht sich einmal mehr bemerkbar, dass Prozesse und Entwicklungen, die sich über einen längeren Zeitraum erstreckten, bei der Überlieferung der römischen Frühgeschichte auf das Handeln einer einzelnen Persönlichkeit zurückgeführt wurden.

Bereits in der Königszeit und mehr noch in der frühen Republik gab es Plebejer, die es etwa als erfolgreiche Händler zu Reichtum gebracht hatten, von den regierenden Patriziern aber keinen Zugang in deren exklusive Zirkel erhielten. Diese reichen Plebejer trieben den Kampf um ökonomische Teilhabe und soziale Anerkennung voran. Die Masse der Bevölkerung diente ihnen dabei als Instrument, um ihren Forderungen Nachdruck zu verleihen.

Der Kampf der Plebejer hatte Erfolg. Die Patrizier lenkten ein, weil sie erkannten, dass die Plebejer in der Lage waren, mit ihren Streiks und der Weigerung, Militärdienst zu leisten, die Sicherheit der Stadt und des patrizischen Regiments ernsthaft in Gefahr zu bringen. Erstes sichtbares Ergebnis ihrer Aktionen war, dass man ihnen eine eigene politische Organisation zugestand. Sie erhielten mit den *Concilia plebis* eine nur für plebejische Angelegenheiten zuständige Volksversammlung. Als eine noch wichtigere neue Einrichtung galten die Volkstribune. Diese plebejischen Beamten achteten darauf, dass die Rechte der Plebejer gewahrt wurden. Sagte ein Volkstribun zu einem patrizischen Amtsträger *veto* (»ich verbiete«), so konnte er mit diesem Vetorecht jedes Gesetzesvorhaben und jede Entscheidung blockieren. Außerdem genoss der Volkstribun *sacrosanctitas*, das heißt: Er besaß eine kultisch-religiös garantierte Unverletzlichkeit und stand somit unter göttlichem Schutz.

Zwischen dem 5. und 3. Jahrhundert v. Chr. erstritten die Plebejer weitere Rechte. Wichtige Stationen waren dabei das um 450 v. Chr. entstandene Zwölftafelgesetz, – das die Gesetze schriftlich fixierte und für Rechtssicherheit sorgte – und die 367 v. Chr. erfolgte Zulassung von Plebejern zum Amt des Konsuls. Weiterhin hob man das Verbot der Eheschließung zwischen Patriziern und Plebejern auf. Den Schlusspunkt der Ständekämpfe bildete 287 v. Chr. die *Lex Hortensia*. Durch dieses nach seinem Initiator Quintus Hortensius benannte Gesetz erhielten die Beschlüsse der plebejischen Volksversammlung Gültigkeit für den Gesamtstaat.

Als wichtigstes Ergebnis der Ständekämpfe gilt die Entstehung der sogenannten Nobilität, einer neuen politischen Führungsschicht. Sie bestand aus den Häuptern der Patrizier und der Plebejer und bildete jene Aristokratie, mit deren Hilfe Rom in den folgenden Jahrzehnten zu einer Großmacht in der Mittelmeerwelt aufstieg.

Rom auf dem Weg zur Vormacht in Italien

Rückblickend mag es so erscheinen, als sei der Aufstieg Roms zur Weltmacht Ergebnis einer konsequenten Entwicklung gewesen. Häufig wird in diesem Zusammenhang auch der Begriff Imperialismus verwendet. Jedoch kann für die frühe Republik keine Rede davon sein, dass Rom planmäßig nach außenpolitischer Macht strebte. Vielmehr waren die Kriege, die man im 5. und 4. Jahrhundert v. Chr. führte, von der Notwendigkeit geprägt, sich zu verteidigen. So kam es immer wieder zu militärischen Auseinandersetzungen der römischen Bürgerheere mit einzelnen Städten und Völkern in Italien. Insbesondere machten den Römern die Bergvölker des Apennin zu schaffen, allen voran die Samniten, gegen die sie zwischen 343 und 290 v. Chr. drei Kriege führten.

Ausschnitt aus einem Fresko von Francesco Salviati aus der Mitte des 16. Jahrhunderts, das die Eroberung Roms durch die Truppen des keltischen Fürsten Brennus 387 v. Chr. darstellt

Der Norden Italiens war Siedlungsgebiet von keltischen Völkerschaften. Von hier aus unternahmen einzelne Gruppen Raubzüge Richtung Süden. 387 v. Chr. drangen die Senonen unter ihrem Fürsten Brennus bis nach Latium vor, schlugen die Römer in der Schlacht an der Allia, einem Nebenfluss des Tiber, und drangen bis nach Rom vor. Es gelang ihnen, die Stadt zu erobern und vorübergehend unter ihre Kontrolle zu bringen. Das für die Römer traumatische Ereignis umrankten spätere Autoren mit zahlreichen Legenden. Bekannt ist die gut erfundene Geschichte von den auf dem Kapitol beheimateten heiligen Gänsen der Göttin Juno, die durch ihr lautes Geschnatter die Bevölkerung vor dem keltischen Angriff gewarnt haben sollen.

Nur wenige Jahrzehnte später war Latium erneut Kriegsschauplatz. Schon früh hatte Rom mit den benachbarten latinischen Völkerschaften Bündnisse geschlossen. Jedoch versuchten die Latiner immer wieder, sich aus der römischen Dominanz zu befreien. Ein letzter Versuch mündete 340 v. Chr. in einen Aufstand, den

114
115
Die Geschichte der Antike   Die römische Republik
Rom auf dem Weg zur Vormacht in Italien

die Römer erst zwei Jahre später niederschlagen konnten. Der bis dahin existierende Städtebund wurde aufgelöst und die meisten Gemeinden in den römischen Staat integriert.

Nach den letztlich erfolgreichen Kriegen gegen die Samniten hatte Rom in Italien den Status einer Führungsmacht gewonnen. Ein weiterer Brennpunkt war Süditalien, ein seit der Großen Kolonisation überwiegend griechisches Siedlungsgebiet. Die griechische Stadt Thurioi hatte für den Kampf gegen die benachbarten Lukaner die Unterstützung Roms gewonnen. Dadurch geriet die Tibermetropole aber auch in Gegnerschaft zu der reichen Handelsstadt Tarent, die durch das Eingreifen der Römer um ihren Einfluss in der Region fürchtete. 282 v. Chr. versenkte die Flotte Tarents einige römische Schiffe im Golf von Tarent – für den römischen Senat Grund genug, den Krieg zu erklären.

Eine neue Dimension erhielt diese Auseinandersetzung durch einen Hilferuf, den Tarent in Richtung Osten sandte. Empfänger war einer der populärsten, wenn auch nicht mit militärischem Glück gesegneter Söldnerführer aus Epirus, einer Landschaft im nordwestlichen Griechenland. Sein Name Pyrrhos ist heute besser bekannt in der lateinischen Form Pyrrhus. Vergeblich hatte er versucht, in den Verteilungskämpfen der Diadochen, die sich in dieser Zeit ihrem Ende zuneigten, eine gute Position zu erringen. Daher zögerte er nicht lange, als er das gut bezahlte Angebot aus Italien erhielt, und erreichte noch im selben Jahr mit einer ansehnlichen Armee den Süden der Apenninhalbinsel. Nicht nur waren die Römer zum ersten Mal mit einem Gegner aus der hellenistischen Welt konfrontiert. Die hauptsächlich aus Bauern bestehende römische Armee stand auch erstmals versierten Berufssoldaten gegenüber. Angst und Schrecken verbreiteten die Kriegselefanten, die Pyrrhos mit sich führte. Sie zählten seit Alexander dem Großen zum Arsenal hellenistischer Potentaten.

Die taktische Überlegenheit von Pyrrhos' Armee zeigte sich gleich in der ersten Schlacht 280 v. Chr. bei dem lukanischen Ort Herakleia am Golf von Tarent. Die Römer erlitten eine schwere Niederlage. Danach schlossen sich viele Griechenstädte in Süditalien Pyrrhos an, was die Situation für die Römer verschärfte. 279 v. Chr. folgte bei Ausculum in Apulien die nächste Schlacht, die Pyrrhos erneut gewann. Jedoch hatte er viele Verluste zu beklagen und gestand einem seiner Vertrauten, dass er einen weiteren Sieg nicht würde verkraften können. Aus dieser Aussage leitet sich der Begriff »Pyrrhussieg« ab als Bezeichnung für einen unter hohen Verlusten errungenen Erfolg, der eher einem Fehlschlag gleichkommt.

Pyrrhos, der sich in Italien in eine militärische Sackgasse manövriert hatte, kam dankbar einem militärischen Hilfegesuch aus Syrakus nach. Sein Engagement in Sizilien dauerte bis 275 v. Chr. Im selben Jahr kehrte er noch einmal zum Kriegsschauplatz in Süditalien zurück, erlitt aber bei Benevent eine schwere Niederlage.

Die Römer hatten inzwischen gelernt, wie man mit den hellenistischen Söldnerarmeen zu kämpfen hatte. Daraufhin begab sich Pyrrhos nach Griechenland, stürzte sich erneut in kriegerische Abenteuer und kam 272 v. Chr. bei einem Straßenkampf in Argos ums Leben.

Auch wenn Pyrrhos in Italien letztlich scheiterte, darf seine Bedeutung für die römische Politik nicht unterschätzt werden. Der König aus Epirus hatte die Römer, deren Aktionsradius sich bis dahin auf Italien beschränkt hatte, mit den Praktiken hellenistischer Herrscher vertraut gemacht – ein Rüstzeug, dass einige Jahrzehnte später, als Rom im ostmediterranen Raum aktiv wurde, von großem Vorteil war. Dabei zogen die Römer nicht nur in militärischer Hinsicht Lehren aus der Konfrontation mit Pyrrhos. Die Senatoren, für die Disziplin, Ordnung und Geradlinigkeit zu den Primärtugenden zählten, lernten die Raffinessen hellenistischer Diplomatie und Propaganda kennen: Als Pyrrhos von Griechenland nach Italien übergesetzt war, hatte er das Unternehmen als einen neuen Feldzug der Griechen gegen die Nachfahren der Trojaner deklariert und sich dabei zum »neuen Achill« stilisiert. Derlei Inszenierungen waren den Römern bis dahin ebenso fremd gewesen wie die Bemühungen des Pyrrhos, den Konflikt auf pragmatische Art zu beenden. So hatte er den römischen Befehlshabern nach beiden Schlachten einen Friedensschluss angeboten, garniert mit der Aussicht auf üppige Geldzahlungen.

Durch die Vertreibung von Pyrrhos konnten die Römer ihre Herrschaft in Süditalien festigen. Die griechischen Städte wurden ebenso wie die Lukaner und andere einheimische Völkerschaften in das römische Bündnissystem integriert. Dieses System, das sich auf bilaterale Verträge mit den Besiegten stützte, ermöglichte es den Römern, ihre Siege politisch zu sichern und dadurch sowohl dauerhaft in Italien zu herrschen als auch in die erste Riege der mediterranen Mächte aufzusteigen. In lokalen Angelegenheiten blieben die Bundesgenossen autonom, waren aber zur Zahlung von Steuern und im Bedarfsfall zur Aufstellung von Truppen verpflichtet. Da im Laufe der Zeit die Eliten der verbündeten Städte und Völkerschaften attraktive Karrierechancen in der römischen Politik und Administration erhielten, machte dieses System in der subjektiven Wahrnehmung der Beteiligten aus Untertanen Partner.

Diese römische Kopie einer griechischen Marmorbüste von König Pyrrhos fand man in der Villa dei Papiri, einer großen Villenanlage bei Herculaneum aus dem 1. Jahrhundert v. Chr.

Rom auf dem Weg zur Weltmacht

Das Jahr 264 v. Chr. markiert eine Zäsur in der römischen Außenpolitik. In diesem Jahr begann der Erste Punische Krieg gegen die im heutigen Tunesien gelegene reiche Handelsstadt Karthago. Am Ende des 9. Jahrhunderts v. Chr. hatten Phönizier aus Tyros im Libanon die Stadt gegründet. Sie diente dem Handelsvolk als Zwischenstation auf dem Weg zu den lukrativen Märkten in Spanien, entwickelte sich aber in den folgenden Jahrhunderten, in Konkurrenz zu den Griechen und Etruskern, zur Vormacht im gesamten westlichen Mittelmeerraum.

Das Verhältnis zwischen Rom und Karthago war bis zum Ausbruch des Krieges relativ normal gewesen. Wiederholt hatten die Römer mit den Puniern (lat. für »Phönizier«), wie sie die Karthager wegen ihrer phönizischen Herkunft nannten, Verträge geschlossen. Dass es 264 v. Chr. zum Krieg kam, war in erster Linie auf einen lokalen Konflikt in Süditalien und Sizilien zurückzuführen. Die Stadt Syrakus

Römische Soldaten entern im Ersten Punischen Krieg (264–241 v. Chr.) ein Schiff der Karthager mit einer Fallbrücke. Aquarell von Peter Connolly, 1989

hatte Schwierigkeiten mit einer aus Kampanien stammenden Söldnergruppe, die sich den martialischen Namen »Mamertiner« (»Marssöhne«) gegeben und in Messana (heute Messina) festgesetzt hatte. Die Stadt Syrakus ergriff Maßnahmen gegen die Mamertiner und belagerte 265 v. Chr. zusammen mit den Karthagern, mit denen sie zuvor ein Bündnis geschlossen hatte, Messana. Die Mamertiner wandten sich daraufhin mit einem Hilfegesuch an Rom.

Die Römer taten sich zunächst schwer, dem Gesuch nachzukommen. Sie hatten noch keine Kriege außerhalb des italischen Festlandes geführt und fürchteten, in einen bewaffneten Konflikt mit Syrakus zu geraten. Doch schließlich stimmte die Volksversammlung zu, und eine römische Flotte erschien vor Messana. Die Karthager sahen durch das Eingreifen der Römer ihre Machtinteressen auf Sizilien gefährdet. In Rom fürchtete man, dass man die nach dem Pyrrhoskrieg gewonnene Vormachtstellung in Süditalien durch die Aktivitäten der Karthager einbüßen würde. So fühlten sich beide Parteien zum Krieg gezwungen.

Doch es gab noch tiefere Ursachen, die Rom dazu bewegten, einen Krieg gegen Karthago zu führen. Zum einen war Rom inzwischen zu einer bedeutenden politischen Macht in Italien geworden. Einen Hilferuf zu ignorieren, konnte man sich nicht leisten, wenn man nicht das Vertrauen der neuen Bundesgenossen im Süden Italiens verlieren wollte. Zum anderen spielte der Abschluss der Ständekämpfe eine wichtige Rolle. Die Führer der Plebejer, die nun zusammen mit dem alten Patriziat die neue Elite der Nobilität bildeten, wollten beweisen, dass sie ihren neuen Status verdienten, und dies durch Erfolg im Krieg demonstrieren.

Der Erste Punische Krieg dauerte 23 Jahre, viel länger, als es alle Beteiligten erwartet hatten. Entscheidend für die Beendigung der Auseinandersetzungen war, dass die Römer eine Flotte aufbauten, mit der sie der maritimen Großmacht Karthago zur See Paroli bieten konnten. Auch waren die römischen Bürgerheere letztlich den punischen Söldnern überlegen. 241 v. Chr., nach einem Seesieg der Römer im Jahr zuvor bei den Ägatischen Inseln an der Westküste Siziliens, musste Karthago kapitulieren. Die Insel Sizilien wurde die erste römische Provinz und damit zum Modellfall eines außerhalb Italiens gelegenen Herrschaftsbereichs. Das hier entwickelte imperiale Konzept der Römer entwickelte sich zum Standard für spätere Eroberungen: Entsendung eines Statthalters aus den Kreisen der Senatoren, militärische Besatzung und Erhebung von Tributen. Kurze Zeit später wurden auf diese Weise auch Sardinien und Korsika als Provinzen organisiert.

Die Karthager hatten mit dem verlorenen Krieg einen herben Rückschlag erlitten. Unter der Führung der Familie der Barkiden und ihres Oberhaupts Hamilkar schufen sie sich in den folgenden Jahren in Spanien eine neue Machtbasis. Hier lockten vor allem die reichen Metallvorkommen. Bald befanden sich große Teile des Südens und

Ostens der Iberischen Halbinsel unter ihrer Kontrolle. Die karthagischen Aktivitäten wurden in Rom mit Misstrauen registriert, reichte der römische Einfluss doch inzwischen bis ins südliche Frankreich, wo man mit der Stadt Massalia (heute Marseille) über einen wichtigen Verbündeten verfügte.

Hamilkar Barkas starb 229 v. Chr. Sein Schwiegersohn und Nachfolger Hasdrubal fiel 221 v. Chr. in Spanien einem Attentat zum Opfer. Daraufhin ging der Oberbefehl in Spanien auf Hannibal, den Sohn Hamilkars, über. Er entwickelte sich zur prägenden Gestalt des Zweiten Punischen Krieges, der 218 v. Chr. zwischen Rom und Karthago ausbrach. Anlass des Krieges war der Angriff Hannibals 219 v. Chr. auf die mit Rom verbündete Stadt Sagunt an der Ostküste Spaniens, die gemäß dem Ebrovertrag eigentlich zum karthagischen Einflussbereich gehörte. Dieser 226 v. Chr. zwischen Rom und Karthago geschlossene Vertrag hatte die gegenseitigen Interessensphären festgelegt,

wobei der Fluss Ebro die Demarkationslinie bildete. Nachdem die Römer erfolglos gegen Hannibals Angriff protestiert hatten, erklärten sie Karthago den Krieg.

Der Krieg nahm einen spektakulären Verlauf. Hannibal überraschte die Römer im Herbst 218 v. Chr. mit einem kühnen Zug über die Alpen. Seine Armee bestand aus etwa 50 000 Fußsoldaten, 10 000 Reitern und 37 Kriegselefanten. Nachdem Hannibal das nördliche Italien erreicht hatte, reihte er zunächst Sieg an Sieg. Die Römer erlitten an den Flüssen Ticinus und Trebia (218 v. Chr.) und am Trasimenischen See (217 v. Chr.) schwere Niederlagen. Noch verheerender war die Niederlage, die Hannibal im Jahr darauf den römischen Legionen in der Schlacht von Cannae in Apulien bereitete.

Hannibal befand sich auf dem Zenit seines Ruhms. Seine Berater bedrängten ihn, Rom anzugreifen. Doch der karthagische Feldherr verfolgte einen anderen Plan. Sein

Bereits der strapaziöse Zug Hannibals über die Alpen war für seine Truppe mit Verlusten verbunden. Nachkolorierter Holzstich nach einer Zeichnung von Heinrich Leutemann, 1866

Ziel bestand darin, Rom dauerhaft zu schwächen und damit Karthago wieder zur führenden Macht im westlichen Mittelmeerraum werden zu lassen. Das Rückgrat der römischen Herrschaft bildeten Roms Bundesgenossen in Italien. Diese musste er, so Hannibals Kalkül, dazu bewegen, die Bündnisse aufzukündigen. In zahlreichen Verhandlungen lockte er die Bundesgenossen mit aussichtsreichen Angeboten wie etwa Garantie der Autonomie unter karthagischem Schutz. Das kluge Konzept scheiterte letztlich daran, dass die meisten Bundesgenossen die Vorteile der römischen Herrschaft bevorzugten. So nahmen die politischen Eliten gerne die Chance wahr, in Rom Karriere zu machen.

Die Römer verhielten sich nach der Niederlage bei Cannae militärisch defensiv, beispielhaft verkörpert in dem mehrmaligen Konsul Quintus Fabius Maximus mit dem Beinamen *Cunctator* (»der Zögerer«). Hinter dieser Taktik stand die Überlegung, dass Hannibal, weitgehend abgeschnitten von Nachschub und Ressourcen, nicht ewig in Italien bleiben könne. Als sich abzeichnete, dass Hannibal die Abwerbung der Bundesgenossen nicht gelang, ging Rom wieder in die Offensive. Der Feldherr Publius Cornelius Scipio brachte zwischen 209 und 206 v. Chr. die von Karthago besetzten Gebiete in Spanien unter römische Kontrolle. Während Hannibals Lage in Italien immer prekärer wurde, nahmen die Römer seine Heimat Nordafrika ins Visier, woraufhin er eilig nach Karthago zurückkehrte. 202 v. Chr.

In der Schlacht von Zama 202 v. Chr. besiegten die Römer Hannibals Truppen. Nachkolorierter Stich aus dem 19. Jahrhundert

Hannibal
(247–183 v. Chr.)

Karthagischer Feldherr

Hannibal verlebte seine Jugend in Spanien bei seinem
Vater Hamilkar Barkas. Schon im Alter von neun Jahren
soll er Hamilkar ewige Feindschaft zu den Römern geschwo-
ren haben. Nach der Niederlage im Zweiten Punischen Krieg
(218–201 v. Chr.) bekleidete Hannibal in Karthago die Position
eines Sufeten, das höchste Amt im Magistrat von Karthago. Von
seinen innenpolitischen Gegnern 195 v. Chr. ins Exil vertrieben,
verdingte sich der einst gefeierte Kriegsheld als Militärbe-
rater und Söldnerführer bei verschiedenen Dynasten im
Osten. Zuflucht fand er schließlich bei König Prusias
I. von Bithynien im nordwestlichen Kleinasien.
Als ihn die Römer hier entdeckten,
nahm sich Hannibal das
Leben.

brachte die Schlacht von Zama, einer Stadt in der Nähe von Karthago, die Entscheidung zugunsten Roms. Offiziell wurde der Zweite Punische Krieg 201 v. Chr.
mit einem Friedensvertrag beendet, dessen Bestimmungen Karthago auf den Status einer nordafrikanischen Regionalmacht zurückwarfen. So musste es auf Spanien und alle weiteren Besitzungen außerhalb Afrikas verzichten, fast alle Schiffe
ausliefern, eine exorbitant hohe Summe an Reparationen zahlen und sich zudem
verpflichten, künftig keine Kriege ohne die Erlaubnis des römischen Senats zu
führen.

Betrachtet man die römische Außenpolitik nach dem Zweiten Punischen Krieg, so
könnte der Eindruck entstehen, Rom habe nach einem klar definierten Plan gehan-
delt, dessen einziges Ziel darin bestand, die Herrschaft über den gesamten Mittelmeerraum zu erlangen. Denn bereits kurz nach dem Abschluss des Friedensvertrags
mit Karthago brachen die römischen Legionen in Richtung Osten auf. Gegner waren
nun die hellenistischen Königreiche, die sich nach dem Tod Alexanders des Großen
und den anschließenden Diadochenkämpfen gebildet hatten. Dieses Vorgehen, das

Im Dritten Punischen Krieg zerstörten römische Truppen 146 v. Chr. Karthago. Nachkolorierter Stahlstich aus dem späten 19. Jahrhundert

nach einigen Jahrzehnten mit der kompletten Unterwerfung und Inbesitznahme der einst so stolzen Mächte der hellenistischen Welt endete, wurde in der Forschung gern als Musterbeispiel imperialistischer Politik angesehen. Jedoch gibt es in der Wissenschaft auch klare Tendenzen, die Ziele römischer Außenpolitik vom 3. bis zum 1. Jahrhundert v. Chr. differenzierter zu betrachten.

In erster Linie war das Vorgehen der Römer gegen die hellenistischen Königreiche, jedenfalls in der Anfangsphase, nicht durch puren Machtwillen motiviert. Vielmehr wiederholte sich jener Vorgang, der Rom zuvor bereits dazu gezwungen hatte, seinen außenpolitischen Radius erheblich zu erweitern: Je erfolgreicher Rom seine Rolle auf dem Parkett der internationalen Politik spielte, desto stärker wurde es in immer größere Konflikte eingebunden. Als innenpolitischer Faktor kam hinzu, dass durch die Ausbildung der Nobilität eine neue Dynamik in der römischen Führungsschicht Einzug hielt, die dafür sorgte, dass man im Senat riskanten außenpolitischen Unternehmungen offener gegenüberstand.

Vor diesem Hintergrund erklärt sich der Umstand, dass Rom bereits 200 v. Chr. einen Krieg mit dem Königreich Makedonien begann. Erste Erfahrungen mit der Politik und der Kultur der hellenistischen Welt hatten die Römer bereits mit König Pyrrhos gesammelt. 229 v. Chr. erfolgte im Kontext der Bekämpfung der Seeräuberei und in der Auseinandersetzung mit der illyrischen Königin Teuta der erste Schritt über die Adria und damit auch der Kontakt mit dem Einflussbereich der Makedonen. 215 v. Chr. hatte der makedonische König Philipp V. während des Zweiten Punischen Krieges ein Abkommen geschlossen. 200 v. Chr. waren es wiederum die Aktivitäten des umtriebigen Monarchen Philipp V., die den Senat dazu veranlassten, mit den Makedonen in den Krieg zu treten. Inspiriert von seinen Vorgängern Philipp II. und Alexander dem Großen, hatte der König eine offensive Militärpolitik betrieben. Als er seine imperialen Ambitionen auf das notorisch unter Thronstreitigkeiten leidende Ptolemäerreich in Ägypten ausdehnte, fühlten sich die Attaliden in Pergamon und die Handelsrepublik Rhodos ebenfalls gefährdet und baten Rom um Hilfe. Nach der Niederlage in der Schlacht von Kynoskephalai 197 v. Chr. musste Philipp seine ehrgeizigen Pläne begraben. Sein Königreich tasteten die Römer indes nicht an.

Das änderte sich, als Philipps Sohn und Nachfolger Perseus den Versuch unternahm, sich aus der römischen Umklammerung zu befreien. Die Quittung erhielt Perseus in der Schlacht von Pydna 168 v. Chr., aus der der römische Feldherr Lucius Aemilius Paullus als Sieger hervorging. Damit war auch das Ende des makedonischen Königreiches besiegelt. 148 v. Chr. wurde das Land offiziell römische Provinz und die Griechen Untertanen der Römer. Widerstände in Griechenland führten 146 v. Chr. zur völligen Zerstörung der blühenden Handelsstadt Korinth.

Das gleiche Schicksal ereilte im selben Jahr die Stadt Karthago. Zuvor war 149 v. Chr. noch einmal ein Krieg zwischen den alten Kontrahenten Karthago und Rom ausgebrochen. Diesen Dritten Punischen Krieg hatte nicht zuletzt die Furcht der Römer vor einem neuerlichen Aufstieg des Erzfeindes ausgelöst. Die zeitgleichen Zerstörungen von Korinth und Karthago dokumentieren einen in dieser Phase der römischen Expansion deutlich spürbaren Zug zu drastischen, den hegemonialen Anspruch unterstreichenden Maßnahmen.

Nach den Antigoniden in Makedonien richteten die Römer ihre Energien auf die Seleukiden in Syrien und Vorderasien. Antiochos III. und Antiochos IV. waren machtbewusste seleukidische Herrscher. Doch auch ihrem Drang nach Expansion schoben die Römer einen Riegel vor. Der 188 v. Chr. geschlossene Frieden von Apameia legte den Besiegten die übliche Kriegsentschädigung auf und dezimierte den territorialen Bestand des Seleukidenreiches um weite Teile Kleinasiens.

Davon profitierten Roms Verbündete Pergamon und Rhodos, die einen großen Teil des kleinasiatischen Territoriums erhielten. Zugleich war dies eine Botschaft an die Fürsten und Dynasten des Ostens, dass eine Zusammenarbeit mit Rom immer eine lohnende Sache sei. In Kleinasien förderte Rom darüber hinaus ein System von sogenannten Klientelstaaten, bei denen einheimische Fürsten an der Spitze standen, die mehr oder weniger von Rom abhängig waren – etwa in Bithynien, Pontus und Kappadokien. So umging man eine direkte Herrschaftsübernahme in der Form von Provinzen, um Unruhen in dieser machtpolitisch sensiblen Region zu vermeiden.

Die Ptolemäer in Ägypten konnten als einziges der drei hellenistischen Großreiche ihre staatliche Autonomie bewahren, obwohl sie wegen ständiger interner Querelen sowie der Kriege gegen die Seleukiden geschwächt waren. Die Römer wahrten zwar formell die Souveränität der Ptolemäer, nutzten aber jede Gelegenheit, um in deren innere Angelegenheiten einzugreifen.

In der Mitte des 2. Jahrhunderts v. Chr. hatte sich Rom zu einer mediterranen Großmacht entwickelt. Der Herrschaftsbereich des Imperium Romanum erstreckte sich von der Iberischen Halbinsel bis zum Vorderen Orient. In Italien stützte das während des Hannibalkrieges erprobte Bundesgenossensystem die Macht. In den außeritalischen Gebieten schufen die Römer entweder direkte Untertanengebiete oder sie konstituierten abhängige Klientelstaaten. Dieses System funktionierte insgesamt sehr erfolgreich. Die Probleme der römischen Weltherrschaft zeigten sich jedoch in Rom selbst. Sie stürzten den Staat in eine schwere, fast 100 Jahre lang anhaltende Krise.

Die späte Republik: Krisen, Bürgerkriege und Diktatur

133 v. Chr. war Tiberius Gracchus einer der zehn Volkstribunen. Seine Amtszeit markiert den Beginn einer turbulenten Phase der römischen Republik, die nach langen inneren Auseinandersetzungen und zahlreichen Bürgerkriegen in eine Monarchie mündete. Rom, das sich in dieser Zeit auf dem vorläufigen Höhepunkt seiner außenpolitischen Macht befand, geriet in eine interne Krise, die das politische System in seinen Grundfesten erschütterte.

Diese Krise und die hegemoniale Stellung standen in einem direkten Zusammenhang. Das römische Heer war ein Milizheer, rekrutiert vorwiegend aus Bauern, die man nur im Konfliktfall zum Militärdienst rief. Solange die Kriege in Italien geführt wurden, waren die Bauern nur kurze Zeit von ihren Feldern abwesend. Dies änderte sich, als sich die Kriegsschauplätze nach Afrika, Spanien, Griechenland und Kleinasien verlagerten. Die Bauernsoldaten konnten über Monate, später über Jahre hinweg ihre Güter nicht mehr bewirtschaften. Diese lagen brach, das Land musste verkauft werden, die nun besitzlosen Kriegshelden darbten in Rom, angewiesen auf Almosen und öffentliche Unterstützung. Hinzu kam, dass sich seit den Kriegen gegen Karthago der Anbau in Italien verändert hatte. Getreide konnte billig aus Afrika importiert werden. Dafür pflanzten die reichen Großgrundbesitzer Oliven und Wein an, was sich die Masse der Bauern wegen der langen Zeitspanne bis zur ersten Ernte nicht leisten konnte.

Tiberius Gracchus, Angehöriger einer alten Adelsfamilie, machte das Schicksal der Bauern zu seiner Sache. Der griechische Biograf Plutarch zitiert eine berühmte Passage aus einer Rede des Volkstribuns:

»Die wilden Tiere, die in Italien hausen, haben ihre Höhlen, jedes weiß, wo es sich verkriechen kann. Die Männer aber, die für Italien kämpfen und sterben, haben nichts außer Luft und Licht. Heimatlos, gehetzt, irren sie mit Frau und Kind durch die Gegend ... Herren der Welt werden sie genannt, in Wirklichkeit verfügen sie über kein Stück Land.«

Gegner von Tiberius Gracchus erschlugen ihn und etliche seiner Anhänger 133 v. Chr. in der Volksversammlung. Kolorierter Stahlstich aus der Mitte des 19. Jahrhunderts

Ein Sozialrevolutionär war Tiberius Gracchus indes nicht. Seine Sorge galt weniger den Menschen, als vielmehr der militärischen Schlagkraft Roms. Je weniger Bauern, desto weniger Soldaten, war seine einfache Rechnung. So legte er ein Agrargesetz vor, das weit über das hinausging, was zuvor bereits um die Wehrfähigkeit bangende Politiker in die Volksversammlung eingebracht hatten. Einfachen Bauern sollten öffentliche Güter reserviert werden, die zudem unveräußerlich sein sollten. Doch das Programm stieß bei einer Mehrheit der Senatoren auf Ablehnung. Tiberius Gracchus würde, so ihre Befürchtung, mit dieser populären Reform zu viel Prestige und Einfluss gewinnen.

Die Gegner der Reform veranlassten den Volkstribun Marcus Octavius, ein Veto gegen die Gesetzesinitiative einzulegen. Um das Veto zu umgehen, ließ Gracchus Octavius als Tribun von der Volksversammlung absetzen, womit er die Verfassung brach. Einen weiteren Verfassungsbruch beging Tiberius Gracchus, als er sich Mitte des Jahres 133 v. Chr. für das folgende Jahr zur Wiederwahl stellen wollte, obwohl die römische Verfassung eine amtlose Zeit zwischen zwei Amtszeiten vorsah. Daraufhin wurde er zusammen mit vielen seiner Anhänger von Gefolgsleuten seiner senatorischen Gegner in der Volksversammlung erschlagen. Das gleiche Schicksal erlitt zehn Jahre später sein Bruder Gaius, als er einen neuen Anlauf zur Durchsetzung der Reformen unternahm.

Diese turbulenten Ereignisse führten zur Spaltung der Senatsaristokratie. Diejenigen, die nach dem Beispiel der Gracchen – also der Brüder Tiberius und Gaius Gracchus – die Methode kultivierten, politische Entscheidungen unter Umgehung des Senats direkt über die Volksversammlung zu fällen, waren die »Popularen«. Ihre Gegner, die sich für die Beibehaltung der herkömmlichen Verfahrensweisen einsetzten, nannten sich »Optimaten« (»die Besten«). Dieser Gegensatz prägte die folgenden Jahrzehnte der römischen Geschichte.

Gnaeus Pompeius Magnus, Marmorkopf, 1. Jahrhundert v. Chr.

597
POMPEJUS MAGNUS
d. 48 f. Kr.

Pompeius
(106–48 v. Chr.)

Römischer Politiker und Feldherr

Sein vollständiger Name lautete Gnaeus Pompeius Magnus. »Magnus« (»der Große«) verweist auf sein Vorbild, den Makedonenkönig Alexander den Großen. Tatsächlich feierte Pompeius schon früh militärische Erfolge. Mit 23 Jahren siegte er in Spanien mit drei von ihm selbst rekrutierten Legionen. 70 v. Chr. wurde er zum ersten Mal Konsul. Zwischen 67 und 62 v. Chr. war er im Osten tätig. Dort besiegte er Seeräuber, die zu dieser Zeit das Mittelmeer unsicher machten, gewann gegen König Mithradates VI. von Pontos und beendete mit der Einrichtung der Provinz Syria die Herrschaft der Seleukiden. Von den Optimaten im Kampf gegen Caesar zur Galionsfigur erhoben, musste Pompeius 48 v. Chr. in der Schlacht von Pharsalos vor den militärischen Fähigkeiten Caesars kapitulieren. Dramatisch verlief Pompeius' Ende: Nach der Schlacht floh er nach Ägypten, in der Hoffnung, bei den Ptolemäern Zuflucht zu finden. Gleich bei seiner Ankunft töteten ihn jedoch die vermeintlichen Freunde.

Der römische Historiker Sallust (86–35 v. Chr.) interpretierte die Krise der späten Republik als eine moralische Krise: Statt wie früher an das Wohl des Staates hätten die Politiker nun nur noch an Reichtum und ihren eigenen Ruhm gedacht. Jedoch handelte es sich in der Realität um eine strukturelle Krise und nicht um persönliches Versagen. Eine zahlenmäßig kleine, nach außen abgeschlossene, nach innen untereinander konkurrierende Elite herrschte mit den neuen Verhältnissen nicht angepassten Mitteln und Instrumentarien über ein weit dimensioniertes Imperium in einer Weise, wie sie es zu den Zeiten getan hatte, als Rom noch eine Regionalmacht in Italien gewesen war.

Bis zum Ende der Republik gab es eine Reihe von Ereignissen, die die Krise voran-
trieben. 113 v. Chr. bereiteten die Kimbern und Teutonen den Römern bei Noreia (im
heutigen Kärnten) eine schwere Niederlage. Die beiden germanischen Völkerschaften hatten ihre Heimat in Jütland verlassen, um neue Siedlungsplätze zu suchen. Dabei waren sie in das Vorfeld des Imperiums gelangt. Nach einer weiteren römischen
Niederlage 105 v. Chr. bei Arausio, der heutigen französischen Stadt Orange, wählte
man in Rom den erfahrenen Feldherrn Gaius Marius (ca. 157–86 v. Chr.) fünfmal in Folge zum Konsul, um die Germanen zu besiegen. Unter seiner Regie wurde das römische
Milizheer zu einer Berufsarmee. Auch die besitzlosen Proletarier rief man nun zu den
Waffen, die bis dahin militärisch keine Rolle gespielt hatten. Da sie sich nicht selbst

Caesar
(100–44 v. Chr.)

Römischer Politiker und Feldherr

Gaius Iulius Caesar stammte aus einer alten Patrizierfamilie.
Politisch stand er von Beginn an auf der Seite der Popularen, jener
Politiker, die sich auf die Volksversammlung stützten. Nachdem er
59 v. Chr. Konsul geworden war, strebte er die Alleinherrschaft an. Der
Krieg in Gallien, den er von 58 bis 51 v. Chr. führte und über den er in seinen bis heute berühmten *Commentarii de Bello Gallico* berichtete, diente
weniger außenpolitischen Zielen als der Stärkung seiner eigenen Macht.
Mit kampferprobten Legionen zog er in den Bürgerkrieg, nachdem er in
der Nacht vom 10. auf den 11. Januar 49 v. Chr. den Rubico, den Grenzfluss zwischen Gallien und Italien, überquert hatte. Vier Jahre lang
kämpfte er zwischen Ägypten und Spanien gegen Pompeius
und nach dessen Tod 48 v. Chr. gegen seine Anhänger.
Das Attentat einer Gruppe von Senatoren auf den
Diktator Caesar zählt zu den berühmtesten
Ereignissen der Weltgeschichte.

versorgen konnten, musste sich der Feldherr um ihr materielles Wohlergehen kümmern. Dies schwor die Soldaten auf den Feldherrn ein, denn er war nun nicht mehr allein ihr militärischer Führer, sondern garantierte auch ihre Altersversorgung. Unter
Marius' Führung wurden die Kimbern und Teutonen in zwei Schlachten 102 v. Chr. bei
Aquae Sextiae (heute Aix-en-Provence) und 101 v. Chr. bei Vercellae besiegt.

Eine weitere bedeutende Einzelpersönlichkeit dieser Zeit war Lucius Cornelius
Sulla (138–78 v. Chr.). Er war einer der profiliertesten Vertreter der Optimaten und
wurde nach einer bürgerkriegsähnlichen Eskalation in Rom im Jahr 82 v. Chr. zum
Diktator bestimmt, mit der Aufgabe, den Staat neu zu ordnen. Sulla brachte Gesetze durch, die unter anderem das Volkstribunat – seit den Gracchen eine der

wirkungsvollsten Waffen popularer Politik – schwächen sollten. Danach folgte eine Restauration der Senatsherrschaft.

Ab 70 v. Chr. kam es in Rom wieder zu Gewaltausbrüchen und innenpolitischen Streitigkeiten. 60 v. Chr. schlossen sich der erfolgreiche General Gnaeus Pompeius, der Feldherr und spätere Konsul Iulius Caesar sowie Licinius Crassus, der reichste Mann Roms, zu einem Dreierbündnis, dem sogenannten Triumvirat (von lat. *tres viri*, »drei Männer«) zusammen, mit dem Ziel, so lange Politik gemeinsam zu gestalten, bis man die jeweils anderen nicht mehr benötigte. Als Caesar erfolgreich aus dem Gallischen Krieg (58–51 v. Chr.) zurückkehrte, war Pompeius sein Gegner geworden, eingespannt von den Optimaten, die den ambitionierten Caesar mehr fürchteten als den ruhigen Pompeius. Nachdem sich Caesar geweigert hatte, sein militärisches Kommando niederzulegen, und stattdessen seine Truppen Richtung Rom lenkte, erhielt Pompeius 49 v. Chr. vom Senat den Befehl, die Republik gegen Caesar zu verteidigen. Es folgte ein erbitterter Bürgerkrieg, aus dem Caesar letztlich als Sieger hervorging. 46 v. Chr. ließ er sich zum Diktator mit allumfassenden Vollmachten ernennen, zunächst für zehn Jahre, im Februar 44 v. Chr. dann auf Lebenszeit. Noch im selben Jahr, an den Iden des März, also am 15. des Monats, wurde Caesar von einer Gruppe von Senatoren ermordet.

Der Übergang zur Monarchie

Nach Caesars Tod hoffte man in Rom auf Ruhe und Frieden. Doch es zeigte sich, dass die Republik keine Chance mehr hatte. Caesars Adoptivsohn, der junge Octavian, und Marcus Antonius, ein alter Mitstreiter des ermordeten Diktators, übernahmen die Führung. Zunächst wirkten sie zusammen und bildeten mit Marcus Aemilius Lepidus 43 v. Chr. das Zweite Triumvirat. Im Gegensatz zum Ersten Triumvirat war es vom Volk sanktioniert, da die drei sich ihre diktatorischen Machtbefugnisse von der Volksversammlung für fünf Jahre übertragen ließen.

Die Risse in der brüchigen Allianz zeigten sich bald sehr deutlich. Im Rahmen der triumviralen Vereinbarungen hatte man die Herrschaft

Cicero
(106–43 v. Chr.)

Römischer Politiker, Redner und Philosoph

Marcus Tullius Cicero war ein Homo novus (lat. für »neuer Mann«). So nannten die Römer einen Emporkömmling, der aus einer Familie stammte, die zuvor politisch noch nicht in Erscheinung getreten war. Von brennendem Ehrgeiz geleitet, arbeitete sich Cicero, nicht zuletzt dank seiner überragenden rhetorischen Fähigkeiten, nach ganz oben. 63 v. Chr. erreichte er mit dem Konsulat das höchste Amt im römischen Staat. In den innenpolitischen Auseinandersetzungen tat sich Cicero schwer, einen klaren Standpunkt zu beziehen. So changierte er häufig zwischen den Popularen und den Optimaten und saß nicht selten zwischen allen Stühlen. Gegen Ende seines Lebens lief er zur Höchstform auf, als er sich klar gegen die drohende Alleinherrschaft von Marcus Antonius wandte. Die aus diesem Anlass gehaltenen *Philippischen Reden* gehören zu den Juwelen antiker Redekunst. Doch damit hatte er sich die Feindschaft des Antonius zugezogen, der ihn ächten und ermorden ließ. Cicero schrieb viele Briefe, die eine wichtige Quelle für die Geschichte der späten Republik sind, und verfasste darüber hin- aus zahlreiche philosophische Schriften.

geteilt. Dabei hatte sich Lepidus Nordafrika, Octavian den Westen und Antonius den Osten des Römischen Reichs gesichert. Letzterer wurde der Geliebte von Kleopatra VII., der Königin von Ägypten. Octavian, der die Alleinherrschaft anstrebte, schaltete zunächst 36 v. Chr. Lepidus aus. 31 v. Chr. siegte Octavian in der Schlacht bei Actium am Golf von Ambrakia gegen die vereinigten Flotten des Antonius und der Kleopatra, woraufhin die beiden Selbstmord begingen. Die Schlacht beendete die römischen Bürgerkriege und ebnete Octavian den Weg zur Alleinherrschaft.

Gaius Iulius Caesar, Büste aus grünem Schiefer, frühes 1. Jahrhundert n. Chr.

DIE RÖMISCHE KAISERZEIT

Nach 500 Jahren wurde die römische Republik am Ende des 1. Jahrhunderts v. Chr. von einer neuen Monarchie abgelöst. Von nun an regierten in Rom für mehrere Jahrhunderte Kaiser. Augustus begründete die iulisch-claudische Dynastie, die 68 n. Chr. mit Nero endete. Nach internen Machtkämpfen setzten sich die Flavier als zweite Dynastie durch. Mit Nerva begann 96 n. Chr. das sogenannte Adoptivkaisertum. Unter Kaiser Trajan gelangte das Römische Reich zu seiner größten Ausdehnung überhaupt. Das 2. Jahrhundert n. Chr. gilt als die Blütezeit des Imperiums. Mit Mark Aurel, der von 161 bis 180 n. Chr. regierte, befand sich ein Philosophenkaiser auf dem Thron, der jedoch viele Kriege zu führen hatte. Sie waren die Vorboten einer ersten Krise des Reiches, die sich unter der Dynastie der Severer verstärkte und in der Zeit der Soldatenkaiser (235–284 n. Chr.) ihren Höhepunkt fand. Mit Kaiser Diokletian kam das Reich wieder in ruhigeres Fahrwasser.

Augustus – Architekt des Prinzipats

Augustus hieß eigentlich Octavius. Den Ehrennamen Augustus (»der Erhabene«) verlieh ihm der Senat 27 v. Chr. Mit Augustus beginnt die Geschichte der römischen Kaiserzeit.

Bei Augustus handelte es sich um einen Meister der Propaganda und der Inszenierung. Nur so lässt sich seine erstaunliche Karriere erklären, die unmittelbar nach der Ermordung Caesars 44 v. Chr. begann, als er gerade einmal 19 Jahre alt war. Caesar, sein Großonkel, hatte ihn 45 v. Chr. adoptiert, woraufhin Octavius offiziell den Namen Octavian erhielt. An Caesars Beispiel war deutlich geworden, dass sich eine unverhüllte Monarchie, zumindest bei einem Teil der Senatoren, nicht durchsetzen ließ.

Also wählte Augustus eine Form von Alleinherrschaft, die nach außen hin als moderat gelten konnte. So entstand das »Prinzipat«. An der Spitze dieses politischen Systems stand zwar der Prinzeps (»der Erste«), ansonsten ruhte es aber auf einem republikanischen Fundament. Natürlich kam für den Posten des Prinzeps nur Augustus infrage, war er es doch gewesen, der die Bürgerkriege beendet hatte und als Garant von Sicherheit und Ordnung galt. So jedenfalls vermittelten es Augustus, seine Berater und von ihm protegierte Literaten wie Vergil und Horaz den Bürgern.

Caesar war Alleinherrscher geworden, indem er sich die universalen, uneingeschränkten Vollmachten eines Diktators vom Senat hatte übertragen lassen. Augustus wurde Kaiser durch die Kumulation von Ämtern und Amtsgewalten, die allesamt bereits aus der Republik bekannt waren. Dazu gehörten als wichtigste Kompetenzen das *Imperium proconsulare*, die Befehlsgewalt eines Prokonsuls, die ihm das Kommando über die Legionen in den wichtigsten Provinzen des Reiches verschaffte, und die *Tribunicia potestas*, die Amtsgewalt des Volkstribunen, aufgrund derer er innenpolitisch aktiv werden und beispielsweise Gesetze einbringen konnte.

Darüber hinaus wusste Augustus auch seine persönlichen Qualitäten herauszustellen. In den *Res gestae*, einem kurz vor seinem Tod veröffentlichten »Tatenbericht«, führte er in diesem Zusammenhang die zentrale Kategorie der *auctoritas* an, mit der er alle anderen überragt habe. Gemeint war damit das Ansehen, das er aufgrund seiner Leistungen für den Staat genoss. Aus der Sicht von Augustus legitimierte diese *auctoritas* seine Macht als Prinzeps.

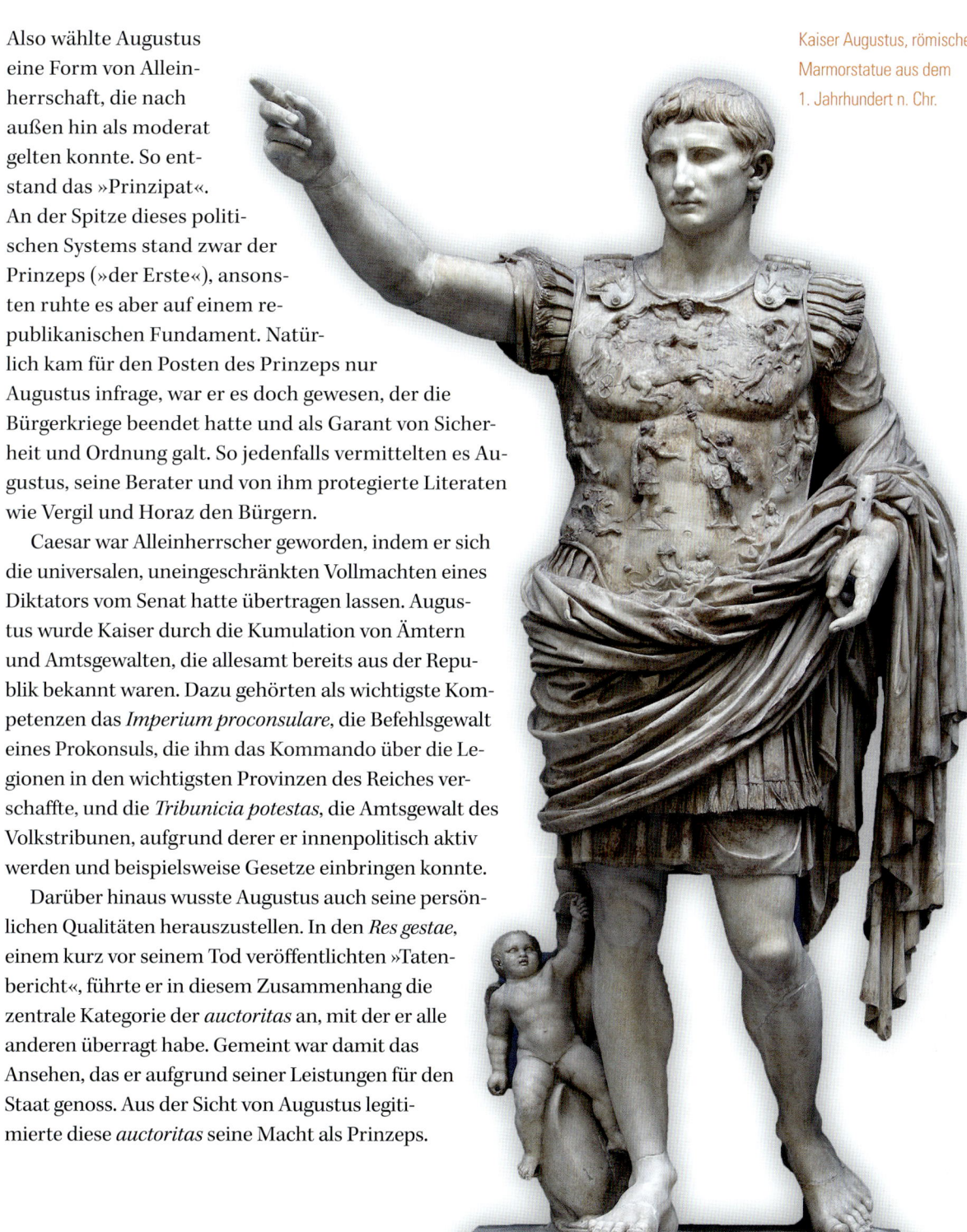

Kaiser Augustus, römische Marmorstatue aus dem 1. Jahrhundert n. Chr.

Die Verfassung des Prinzipats setzte sich aus aristokratischen und monarchischen Elementen zusammen. Das alte Prinzip der Annuität, die Beschränkung einer Amtszeit auf ein Jahr, wurde außer Kraft gesetzt. Jedoch gab es auch weiterhin den alten republikanischen Ämterapparat mit Konsuln und Prätoren. Und auch der Senat hatte als Regierungszentrum nicht abgedankt, wurde im Laufe der Zeit aber immer mehr vom Prinzeps gelenkt. Die Volksversammlung trat hingegen nur noch eher pro forma zusammen und hatte keinen wirklichen Einfluss mehr.

Die Macht des Prinzeps beruhte in erheblichem Maß auf dem Heer. Daher musste er die Legionen auf seine Seite ziehen. Am besten ließ sich dies durch Kriege und die für die Soldaten damit verbundene Aussicht auf Beute erreichen. Kriege erfolgreich zu führen hatte Adligen seit den Zeiten der Republik Ruhm und Ehre eingebracht. So führte auch Augustus viele Kriege, weniger weil sie notwendig waren, sondern vielmehr weil sie dazu beitragen sollten, seine Herrschaft zu sichern. Dazu steht nicht in Widerspruch, dass er als Friedenskaiser in die Geschichte eingegangen ist, der der Welt die *Pax Romana*, den »römischen Frieden«, bescherte – eine mit Augustus beginnende und fast 200 Jahre andauernde Zeit des Friedens innerhalb des Römischen Reiches. Denn nach römischer Lesart war Frieden nicht ein Zustand an sich, sondern das Ergebnis vorausgegangener Kriege. Symbolisch dokumentierte man diesen Zustand durch die Schließung des Janus-Tempels in Rom. In seinen *Res gestae* rühmte sich Augustus:

»Der Tempel des Janus Quirinus, der nach dem Wunsch unserer Vorväter geschlossen sein sollte, wenn im gesamten römischen Reichsgebiet zu Wasser und zu Lande durch Siege errungener Friede herrschte – dies soll, so wird überliefert, vor meiner Geburt seit Gründung der Stadt überhaupt erst zweimal geschehen sein – dieser Tempel wurde, während ich der erste Mann des Staates war, auf Anordnung des Senats dreimal geschlossen.«

Seinen ersten großen Krieg führte Augustus in Nordspanien, wo er nach langen Kämpfen 24 v. Chr. die Kantabrer besiegte. In Kleinasien integrierte er viele Königreiche teils auf diplomatischem, teils auf militärischem Weg in das Imperium. Mit den Parthern, dem mächtigen Nachbarn jenseits des Euphrats, die in die Fußstapfen der ruhmreichen persischen Dynastien getreten waren, wurde 20 v. Chr. eine politische Übereinkunft getroffen, die Augustus als einen römischen Sieg feiern ließ. 6 n. Chr. schickte der Kaiser seinen Stiefsohn Tiberius in das heutige Böhmen, um dort Marbod, König des germanischen Stammes der Markomannen, zu bekämpfen, der zuvor durch Bündnisse mit anderen Germanenstämmen zu einem mächtigen Herrscher aufgestiegen war. Dabei setzte Rom nicht weniger als zwölf Legionen in Marsch. Ein Aufstand in Pannonien und Illyrien (im heutigen Westungarn), der die militärische Aufmerksamkeit Roms verlangte, führte zunächst zum Abbruch des Krieges, doch drei Jahre später mussten die Markomannen kapitulieren.

Mit einem veritablen Desaster endete der römische Versuch, Germanien zu erobern. Die Schlacht im Teutoburger Wald 9 n. Chr. bedeutete das Ende aller Träume, die römische Herrschaft über den Rhein hinaus bis an die Elbe auszudehnen. Da Niederlagen in der Leistungsbilanz des Erfolgskaisers Augustus nicht vorgesehen waren,

»Augustus schließt den Tempel des Janus«, Ölgemälde von Louis de Silvestre, 1757

Ovid
(43 v. Chr.–17 n. Chr.)

Römischer Dichter

Ovid gehörte zu den großen Dichtern während der Regierungszeit von Kaiser Augustus. Mit den *Metamorphosen* schuf er einen Klassiker der europäischen Literatur. Mit seinen Liebesdichtungen (*Ars amatoria, Remedia amoris*), in denen er freizügige Vorstellungen von der Liebe jenseits der Ehe vertrat, stand er im Gegensatz zu den strengen Moralvorstellungen des Kaisers. Seine letzten Jahre verbrachte der gefeierte Hauptstadtpoet im Exil am Schwarzen Meer. Dort verfasste er mit den *Tristia* und den *Epistulae ex Ponto* herausragende Werke der Exilliteratur.

wurde als Schuldiger der unglückliche römische Feldherr Varus ausgemacht, der sich noch auf dem Schlachtfeld das Leben genommen hatte. Der Ort der Auseinandersetzung, in der der Cherusker Arminius (»Hermann«) die Römer das Fürchten lehrte, liegt, wie archäologische Forschungen der letzten Jahre fast sicher erwiesen haben, nicht bei Detmold, wo seit dem Ende des 19. Jahrhunderts das Hermannsdenkmal steht, sondern weiter nördlich bei Kalkriese in der Nähe von Osnabrück.

Innenpolitisch setzte Augustus auf Ruhe und Ordnung. Geleitet von der Überzeugung, dass die Bürgerkriege der vorangegangenen Jahre Folge einer moralischen Krise gewesen seien, versuchte er, die Disziplin, besonders der oberen Stände, zu stärken. Dies sollte mithilfe eines der massivsten Eingriffe in die Privatsphäre, die es in der Geschichte der Antike jemals gegeben hat, geschehen. Augustus wollte die Angehörigen der Oberschicht wieder zu richtigen Römern erziehen, so wie es in den – zu diesem Zweck idealisierten – früheren Zeiten der Fall gewesen sei. Vor allem störten den Prinzeps Ehelosigkeit, Mangel an Kindern und häufige Scheidungen. Per Gesetz bestimmte er, dass Männer zwischen 25 und 60 Jahren und Frauen zwischen 20 und 50 Jahren verheiratet sein mussten. Wer viele Kinder hatte, erhielt

Privilegien, Scheidungen wurden erschwert. Die Maßnahme hatte nur geringen Erfolg. Augustus selbst gab nicht eben das beste Vorbild ab: Er war dreimal verheiratet. Seine erste und seine letzte Ehe blieben kinderlos; die einzige Tochter Iulia sorgte immer wieder für Skandale, sodass der frustrierte Vater sie auf eine einsame Insel verbannte.

Bei seiner Neugestaltung von Staat und Gesellschaft legte Augustus Wert auf die Pflege der Religion und der Kulte. Die dafür nötigen Kompetenzen besaß er, da er als Kaiser gleichzeitig auch *Pontifex Maximus* (lat. für »Oberpriester«) war, wodurch ihm die Oberaufsicht über alle sakralen Angelegenheiten in Rom oblag. »Neu« bedeutete hier, wie bei den meisten Maßnahmen des Prinzeps, an Altes und Bewährtes anzuknüpfen. So erlebten die Römer, wie der Kaiser Tempel bauen und inzwischen völlig in Vergessenheit geratene religiöse Feste feiern ließ. Er reaktivierte uralte Kultgemeinschaften wie die Salier und die Arvalbrüder. Allen nichtrömischen Religionen, insbesondere den Kulten aus dem Orient, die in dieser Zeit in Rom zunehmende Popularität genossen, stand er skeptisch gegenüber. Sie vermittelten eine positive Jenseitsperspektive und hatten zudem in der Kultausübung einen orgiastischen Charakter. Sie passten nicht in die auf Klarheit, Transparenz und Rationalität ausgerichtete Sakrallandschaft des Prinzeps. Vor diesem Hintergrund ist es eine besondere Ironie der Geschichte, dass die Christen Augustus später zur Heilsfigur stilisierten, nur weil er in Rom Kaiser war, als im fernen Bethlehem der Stifter ihrer Religion geboren wurde.

Augustus starb am 19. August 14 n. Chr. im Alter von fast 76 Jahren – in ebenjenem Monat, den der Senat 8 v. Chr. dem Kaiser zu Ehren von Sextilis in Augustus umbenannt hatte. Man bestattete ihn in einem Mausoleum auf dem Marsfeld in Rom, das zur Familiengrabstätte der kaiserlichen Familie wurde.

Diese römische Marmorstatue aus dem 1. Jahrhundert n. Chr. zeigt Kaiser Augustus als Oberpriester, als Pontifex Maximus.

Tiberius bis Nero –
die Kaiser der iulisch-claudischen Dynastie

Die Kaiser von Augustus bis Nero gehörten der iulisch-claudischen Dynastie an. Diese entstand durch die Heirat des Augustus – der über seinen Adoptivvater Iulius Caesar zur Familie der Iulier gehörte – mit Livia, die aus der altehrwürdigen Dynastie der Claudier stammte. Keiner der vier Nachfolger des Augustus war indes der leibliche Sohn seines jeweiligen Vorgängers. So musste man sich, um die Kontinuität der Herrschaft zu gewährleisten, mit dem in der römischen Oberschicht schon seit den Zeiten der Republik häufig verwendeten Instrument der Adoption behelfen.

Die Frage der Nachfolge stellte Augustus vor besondere Herausforderungen. Denn mit der Präsentation eines Nachfolgers lief er Gefahr, den wahren, monarchischen Charakter seiner Herrschaft zu enthüllen. Doch Augustus war fest entschlossen, das Prinzipat zu einer dauerhaften Einrichtung zu machen. Dazu musste er jemanden finden, der zur Familie gehörte und den er selbst mit jenen Rechten und Kompetenzen ausstatten konnte, die den Kern seiner Macht bildeten.

Nach dem Tod des Augustus 14 n. Chr. wurde Tiberius neuer Prinzeps. Der Wunschkandidat seines Vorgängers war er nicht gewesen. Die Favoriten des Augustus hießen Gaius und Lucius Caesar, die Söhne seiner Tochter Iulia aus deren Ehe mit Marcus Agrippa, Augustus' Berater, Freund und Feldherr. Ihr Großvater hatte sie adoptiert und in jungen Jahren mit vielen Privilegien versehen. Ihr früher Tod – Lucius starb 2 n. Chr., Gaius 4 n. Chr. – hatte diese Pläne durchkreuzt. Tiberius war ein Sohn Livias aus einer früheren Ehe, geboren am 16. November 42 v. Chr. in Rom. Der Prinzeps übertrug ihm verschiedene militärische Kommandos, bei denen sich Tiberius bewährte. Augustus adoptierte ihn 4 n. Chr., nach dem Tod von Gaius.

Ein weiterer wichtiger Schritt bei der Bestimmung zum Nachfolger in einem eigentlich nicht auf Nachfolge angelegten System war die noch zu Lebzeiten des Augustus erfolgte Ausstattung des Tiberius mit den staatsrechtlichen Kompetenzen, die den Kern der Prinzipatsverfassung ausmachten, allen voran die Amtsbefugnisse des Volkstribuns und die des Prokonsuls. Mit diesem Prozedere vermied Augustus den Eindruck einer regulären Nachfolge in der Institution Prinzipat. Vielmehr folgte hier lediglich der Sohn seinem Vater, Tiberius galt als neuer Augustus und nicht als neuer Prinzeps. So schwer gestaltete sich die Sukzession in späteren Zeiten allerdings nicht mehr. Je mehr sich Senat und Volk daran gewöhnten, dass der Tod eines Kaisers zur Inthronisation eines Nachfolgers führte, desto mehr etablierte sich das Prinzipat als feste, nicht der permanenten Legitimation bedürfende Einrichtung.

Die antiken Autoren – allen voran der Senator und Historiker Tacitus (ca. 50–120 n. Chr.) und der Kaiserbiograf Sueton (ca. 70–130 n. Chr.) – reihten Tiberius unter die »schlechten« Kaiser ein. Während Tacitus die Kaiser nach der Art und Weise beurteilte, wie sie mit der alten Führungsschicht der Senatoren umgingen, maß sie Sueton an erfolgreichen Kaisern seiner eigenen Zeit wie vor allem Trajan und Hadrian. Tatsächlich verfügte der zweite Prinzeps Tiberius nicht über die Begabung des Augustus, Politik zu gestalten und dabei vor allem darauf zu achten, in der Öffentlichkeit eine gute Figur abzugeben. Tiberius zog sich zurück, lebte ab 26 n. Chr. auf der Insel Capri und überließ den Prätorianern, der kaiserlichen Leibgarde, das Feld, die in der Folge politischen Einfluss in Rom gewannen. Aufkeimende Opposition wurde in sogenannten Majestätsprozessen unterdrückt, bei denen sich die Angeklagten dem Vorwurf gegenübersahen, die *maiestas* des Herrschers, also seine Würde oder Erhabenheit, verletzt zu haben.

Tiberius starb nach 23-jähriger Regierungszeit am 16. März 37 n. Chr. Die Nachfolge trat der junge, am 31. August 12 n. Chr. geborene Gaius Caesar Germanicus an – besser bekannt unter dem Namen Caligula. Diesen Spitznamen, übersetzt »Stiefelchen«, hatten ihm die Soldaten seines Vaters Germanicus gegeben, weil er

Das Augustusmausoleum auf dem Campus Martius in Rom. 29 v. Chr. ließ Kaiser Augustus die Grabstätte für sich selbst errichten. Später bestattete man hier auch seine Nachfolger aus der iulisch-claudischen Dynastie.

als kleiner Junge seiner damals geringen Größe entsprechende Soldatenstiefel getragen hatte. Germanicus – der Sohn von Drusus, dem Bruder des Tiberius – war ein überaus erfolgreicher und populärer Feldherr. 19 n. Chr. starb er nach einer schweren Krankheit im syrischen Antiochia. Die Mutter Caligulas war Agrippina die Ältere, Tochter von Agrippa und Iulia.

Nach dem Tod des Tiberius erhoben die mächtigen Prätorianer Caligula zum Nachfolger, in der Annahme, den jungen und unerfahrenen Mann nach ihrem Willen lenken zu können. Doch Caligula entzog sich ihrer Kontrolle und ging nicht zuletzt aufgrund der negativen Darstellungen in den Quellen als erstes »Monster« auf dem römischen Kaiserthron in die Geschichte ein. Mord, Totschlag und Intrigen unter seiner Herrschaft führten dazu, dass man ihn auch in modernen Publikationen gern als »verrückt« ansieht. Wahrscheinlicher ist, dass Caligula, der beim Tod des Augustus erst zwei Jahre alt gewesen war, der Versuchung nicht widerstehen konnte, die Machtfülle eines römischen Kaisers voll auszuspielen, und seinen Spaß daran hatte, die alten Eliten, allen voran die Senatoren, zu brüskieren. Caligula wurde schließlich infolge einer Verschwörung von Prätorianern und Hofleuten im Jahr 41 n. Chr. ermordet.

Caligula wird von Verschwörern ermordet. Nachkolorierte Radierung aus dem Anfang des 19. Jahrhunderts von G. Mochetti nach einer Zeichnung von Bartolomeo Pinelli

Anschließend ergriffen wieder die Prätorianer die Initiative und erhoben Claudius zum Prinzeps, den 10 v. Chr. geborenen Bruder des Germanicus. Doch war er weit entfernt davon, für sie die Rolle der willfährigen Marionette zu spielen. Erstmals seit Augustus gab es unter Claudius wieder eine effiziente Administration. Die Reichszentrale in Rom erweiterte er durch die Einrichtung von Ressorts, etwa für die Regelung der Finanzen. Außenpolitisch fällt in seine Regierung die Eroberung des südlichen Britannien, das damit den nördlichen Vorposten römischer Macht bildete. Die Umstände seines Todes am 13. Oktober 54 n. Chr. sind ungeklärt. Die Quellen sprechen von einem Giftmord, für den seine vierte Ehefrau, Agrippina die Jüngere, Tochter des Germanicus und Schwester Caligulas, verantwortlich gewesen sein soll.

Aus einer früheren Ehe hatte Agrippina einen Sohn namens Nero, geboren am 15. Dezember 37 n. Chr. Dank ihrer tätigen Mithilfe wurde der 16-Jährige vom Senat und den Prätorianern zum Nachfolger des Claudius bestimmt. In den senatorisch geprägten Quellen, insbesondere bei Tacitus, erscheint Nero als Ungeheuer. Tatsächlich war er weit entfernt von dem moderaten Regierungsstil eines Augustus. Wie Caligula fand er Freude daran, die alten Herrschaftsträger zu brüskieren und seine Macht auszuspielen. Anders als Caligula versuchte Nero jedoch, den Beifall des Volkes zu gewinnen. Vor diesem Hintergrund ist seine Passion für die Kunst, insbesondere für die Musik zu verstehen. Das Volk jubelte und die Eliten waren schockiert, als er in Theatern auftrat und den Menschen seine Sangeskünste vorführte. Für Nero hingegen

Tacitus
(55–120 n. Chr.)

Römischer Historiker und Senator

Tacitus war Senator und der wichtigste Historiker der römischen Kaiserzeit. 98 n. Chr. erschien seine erste Schrift *Agricola*, eine Biografie seines Schwiegervaters. Im selben Jahr folgte eine geografische und ethnografische Darstellung Germaniens *(De origine et situ Germaniae)*. Seine historischen Hauptwerke sind die *Annalen* (Geschichte Roms vom Tod des Augustus bis zum Tod Neros) und die nur fragmentarisch erhaltenen *Historien* (Geschichte Roms vom Tod Neros bis zum Tod Domitians).

stellte dies einen elementaren Bestandteil seiner Herrschaft dar, denn durch diese Auftritte schmiedete er eine Allianz mit dem Volk. Als dessen Begeisterung im Laufe der Zeit deutlich nachließ, startete Nero zu seiner einzigen Auslandsreise. Sie führte ihn 66/67 n. Chr. nach Griechenland. Dabei handelte es sich nicht um eine politische Mission, obwohl der Kaiser in einem symbolträchtigen, gleichwohl politisch folgenlosen Akt in Ko-

Nero schaut auf die brennende Stadt Rom, nachkolorierter Holzstich nach einer Zeichnung von Heinrich Leutemann, 1864

rinth die Griechen für frei erklärte. Nero stattete ihnen auf diese Weise seinen Dank dafür ab, dass er bei seinen zahlreichen Auftritten bei künstlerischen Wettbewerben und auch als Wagenlenker so oft den Siegespreis erhalten hatte.

Im Sommer 64 n. Chr. suchte eine verheerende Feuersbrunst die Hauptstadt Rom heim. Große Teile der Metropole am Tiber wurden ein Raub der Flammen. Rasch kamen Gerüchte auf, der Kaiser selbst habe den Brand veranlasst, um die Stadt schöner gestalten zu können. Tatsächlich begann man bald darauf auf dem frei gewordenen Areal zwischen Palatin und Forum mit dem Bau des »Goldenen Hauses«, einer gigantischen Palast- und Parkanlage. Um das Gerede über die vom Kaiser angeordnete Brandstiftung zu beenden, wurde die damals noch kleine Gemeinde der Christen zu Sündenböcken erklärt. Mehrere Hundert von ihnen wurden im Beisein des Kaisers und geladener Gäste gefoltert und getötet, wodurch Nero den Ruf eines Christenverfolgers erhielt. Es hätte genauso eine andere stigmatisierte Gruppe treffen können. Aber die Christen eigneten sich nach Meinung des Kaisers und seiner Gefolgschaft besonders gut, weil sie sich nicht an den staatlichen Kulten beteiligten, als Außenseiter und Menschenfeinde galten und auf den Weltbrand vor der Apokalypse warteten. Es sollte jedoch noch knapp 200 Jahre dauern, bis es zu systematischen, reichsweiten Christenverfolgungen kam. Der Brand von Rom indes war weder das Werk Neros noch das der Christen. In Rom brannte es fast permanent, meist aufgrund der Unachtsamkeit der Bewohner. In jenem Sommer sorgten ungünstige Winde, die rasch einen Großbrand anfachten, für die Katastrophe.

Seneca
(4 v. Chr.–65 n. Chr.)

Römischer Philosoph und Dramatiker

Seneca war einer der produktivsten Schriftsteller in Rom. Berühmtheit erlangte er durch seine philosophischen Werke, etwa die *Epistulae morales ad Lucilium* (124 ethische Briefe an Lucilius), *De tranquillitate animi (Von der Seelenruhe)* oder *De brevitate vitae (Von der Kürze des Lebens)*. Sie repräsentieren das kaiserzeitliche Gedankengut der Stoa. Darüber hinaus verfasste Seneca zahlreiche Tragödien, Trostreden und eine Satire auf Kaiser Claudius *(Apocolocyntosis)*.

Ebenfalls belastet eine Vielzahl von politischen Morden den Ruf Neros. Dabei muss man aber die Tendenz der Quellen berücksichtigen, dem Kaiser möglichst viele Untaten anzulasten. Als historisch gesichert gilt allerdings der Mord an seiner Mutter Agrippina im Jahr 59 n. Chr. Genauso stand Nero hinter dem erzwungenen Selbstmord seines einstigen Beraters und Lehrers Seneca 65 n. Chr. Selbstmord stand auch am Ende von Neros eigenem Leben. Immer stärker hatte in den Kreisen von Senat und Militär die Opposition gegen den Herrscher zugenommen, ebenso hatte Nero beim Volk seinen Rückhalt verloren. Der Senat erklärte den Prinzeps schließlich zum Staatsfeind. Der letzte Vertreter der iulisch-claudischen Dynastie stach sich am 9. Juni 68 n. Chr. einen Dolch in die Kehle. Einer seiner letzten Sätze soll gelautet haben: »Was für ein Künstler geht mit mir zugrunde.«

Nero gilt bis heute als Inbegriff des tyrannischen Herrschers. Er hat das Bild vom angeblich »dekadenten« Rom der Kaiserzeit erheblich geprägt. Dass das Imperium unter den Eskapaden eines Herrschers, der nicht den Staat, sondern seine eigene Person in den Mittelpunkt all seines Handelns stellte, keinen Schaden nahm, spricht allerdings nicht für verfallende, sondern für außerordentlich stabile Strukturen.

Von den Flaviern bis zu den Severern

Dem Tod Neros folgte der Kampf der Generäle. Galba, Otho und Vitellius stritten um
die Herrschaft. Für kurze Zeit war jeder von ihnen Kaiser. Vierter im konkurrieren-
den Bunde war Vespasian aus der Dynastie der Flavier. Er ging schließlich als Sieger
aus dem »Vierkaiserjahr« 69 n. Chr. hervor. Vespasian, am 17. November 9 n. Chr.
geboren, war ein erfahrener General. Nero hatte ihm das Kommando im Jüdischen
Krieg übertragen, der 66 n. Chr. durch einen Aufstand der Zeloten, einer jüdischen
Widerstandsgruppe, gegen die römische Besatzung in Jerusalem ausgebrochen
war. Gestützt auf die im Orient stationierten Legionen wurde Vespasian am 1. Juli
69 n. Chr. zum Imperator ausgerufen.

Mit ihm begann die Zeit der flavischen Kaiserdynastie. Adoptionen erübrigten
sich, da Vespasian mit Titus und Domitian zwei leibliche Söhne hatte, die ihn nacheinander als Kaiser beerbten. Vespasian war mit Gewalt an die Macht gekommen
und nicht wie die iulisch-claudischen Kaiser durch Zugehörigkeit zur Familie des
Augustus legitimiert. Das erste Manko glich ein Senatsbeschluss mit dem Titel *Lex
de imperio Vespasiani* (»Gesetz über die Herrschaft Vespasians«) aus. Darin bestä-
tigte der Senat dem neuen Prinzeps alle kaiserlichen Rechte. Das zweite Manko

versuchten Vespasian und seine Söhne dadurch zu kompensieren, dass sie demonstrativ an die Politik des Augustus anknüpften. Dazu gehörte auch eine großzügige Baupolitik. In diesem Zuge entstand mit dem Kolosseum eine Perle der Architektur.

Außenpolitisch blieb der Krieg in Judäa das große Thema. Vespasian übertrug dort seinem Sohn Titus das Kommando. Der Aufstand endete 70 n. Chr. mit der Zerstörung Jerusalems und des Tempels. Es folgte ein glanzvoller, für die Juden freilich demütigender Triumphzug in Rom, von dem heute noch der Titusbogen auf dem Forum Romanum zeugt. Für die Mehrzahl der Juden, die ihre Heimat verlassen mussten, begann eine lange Leidensgeschichte in der Diaspora.

Vespasian starb am 23. Juni 79 n. Chr. Das Prinzipat ging reibungslos an den älteren Sohn Titus über, der zu diesem Zeitpunkt etwa 40 Jahre alt war. Viel Zeit, Geschichte zu schreiben, hatte der zweite Flavier nicht, denn er starb bereits am 13. September 81 n. Chr. Und viel unglücklicher hätte seine Herrschaft auch nicht beginnen können als mit dem desaströsen Ausbruch des Vesuv im August 79 n. Chr., bei dem die Städte Pompeji und Herculaneum und dazu noch eine Vielzahl von Villen am Golf von Neapel zerstört wurden. Außerdem kam es im Jahr darauf wieder zu einem schweren Brand in Rom. Und doch hat Titus auch in jenen Quellen, die den Kaisern überwiegend kritisch gegenüberstehen, nur gute Noten erhalten. Sueton versteigt sich gar zu der hymnischen Titulierung als »Liebling des Menschengeschlechts«. Diese Wertschätzung verdankte Titus weniger politischen oder militärischen Glanzleistungen – die es in seiner Regierungszeit auch nicht gab –, sondern seinem Geschick, allen relevanten Bevölkerungsgruppen, von den Senatoren bis zur *Plebs urbana*, der Masse der stadtrömischen Bevölkerung, das Gefühl zu vermitteln, für sie und ihre jeweiligen Belange der geeignete Sachwalter zu sein.

Als dritter und letzter Vertreter der flavischen Kaiserdynastie trat Domitian das Herrscheramt an. Er war zwölf Jahre jünger als sein Bruder Titus. Schenkt man den senatorischen Quellen Glauben, stand Domitians Herrschaft in einem starken Kontrast zu der seines Bruders. Ähnlich wie bei Caligula und Nero geißeln die antiken Autoren Domitians tyrannisches und despotisches Verhalten. Die moderne Forschung urteilt moderater, auch weil man erkannt hat, dass Historiker wie Tacitus, die unter Domitian politische Karriere gemacht hatten, es nach dessen Sturz sehr eilig hatten, sich von ihm zu distanzieren. Faktisch war Domitian, der das Imperium bis 96 n. Chr. regierte, politisch weitaus aktiver als manche seiner Vorgänger. 83 n. Chr. unternahm er in Germanien einen Feldzug gegen den Volksstamm der Chatten und griff damit einen Bereich der Außenpolitik wieder auf, den man nach Augustus' gescheitertem Eroberungsversuch zu den Akten gelegt hatte. Als zukunftsweisend erwiesen sich die nach dem Feldzug ergriffenen Maßnahmen zur Sicherung der Grenze im Vorfeld von

Rhein und Donau mit der Anlage von Straßen und Kastellen. Daraus entstand in der Folgezeit der Limes, das Sicherungssystem der römischen Reichsgrenze.

Neben Germanien standen ferner Britannien und Dakien (das heutige Rumänien) im Fokus von Domitians militärischen Unternehmungen. Auch auf ökonomischem Gebiet entfaltete Domitian eine rege Betriebsamkeit und griff zum Beispiel – für einen römischen Kaiser sehr ungewöhnlich – direkt in die Verteilung von Weinbauflächen in Italien und den Provinzen ein. Dass er trotz seiner Verdienste unbeliebt war, lag an seinem autokratischen Herrschaftsstil. Am 18. September 96 n. Chr. ermordete ihn eine Gruppe von Höflingen, die aus unterschiedlichen Gründen um ihre Karriere fürchteten.

Auf Domitians Tod folgte eine knapp 100 Jahre andauernde Phase der kaiserlichen Geschichte, die man heute als die Zeit der »Adoptivkaiser« bezeichnet. Zwar hatte man Adoption bereits unter den iulisch-claudischen Kaisern intensiv zur Regelung der Nachfolge genutzt. Die »Adoptivkaiser« stammten jedoch nicht mehr aus der Familie ihrer Vorgänger. Stattdessen wählten sich die Kaiser für ihre Nachfolge »den Besten« aus – und nicht denjenigen, der aus der eigenen Verwandtschaft genealogisch ganz oben auf der Liste stand. Leistung statt Herkunft, lautete die Devise. Offiziell sprach man vom *Optimus Princeps*, dem »besten Kaiser«. Mitentscheidend für diese Praxis dürfte allerdings auch gewesen sein, dass die Adoptivkaiser keine Kinder im regierungsfähigen Alter hatten.

Die Zeit des Adoptivkaisertums gilt allgemein als Glanz- und Blütezeit des Imperiums. Sie setzte ein mit Kaiser Nerva, der 96 n. Chr. auf Domitian folgte, und endete mit Marcus Aurelius, besser bekannt unter der Kurzform Mark Aurel, der bis 180 n. Chr. regierte. In diesem Zeitraum gab es nur wenige ernsthafte außen- oder militärpolitische Probleme, die Wirtschaft florierte, der Handel expandierte, die Städte wuchsen. Die meisten Menschen waren, wenn sie nicht zu den Sklaven oder zu den Unterschichten zählten, überwiegend zufrieden. Bezahlte Lobredner wie der Grieche Aelius Aristides schwärmten:

»Ihr [die Römer] habt den ganzen Erdkreis vermessen, Flüsse überspannt mit Brücken verschiedener Art, Berge durchstochen, um Fahrwege anzulegen, in menschenleeren Gegenden Poststationen eingerichtet und überall eine geordnete und kultivierte Lebensweise eingeführt.«

Erst später sollte sich herausstellen, dass diese Blütezeit auch ihre Schattenseiten hatte und dass sich hinter den glanzvollen Kulissen erhebliche Probleme verbargen. Zunächst aber atmeten die Senatoren und die intellektuellen Eliten auf, als Domitian tot war und sich mit Nerva ein neuer Prinzeps gefunden hatte. Bei diesem bei Herrschaftsantritt bereits knapp 66 Jahre alten Senator handelte es sich um einen typischen Übergangskaiser. Der Senat hatte mit seiner Ernennung wieder die Initiative ergriffen, nachdem in den Jahrzehnten zuvor Militär und Prätorianer die kaiserliche Politik dirigiert hatten. 97 n. Chr. adoptierte Nerva einen fähigen Militär namens Trajan, der nach Nervas Tod ohne jede Komplikation die Herrschaft übernahm und bis 117 n. Chr. regierte.

Mit Trajan war zum ersten Mal ein römischer Kaiser an der Macht, der nicht aus Italien stammte. Seine Heimat war die Stadt Italica in Südspanien, die in der Zeit der Punischen Kriege als römische Veteranenkolonie gegründet worden war. In konservativen Kreisen in Rom gab ein spanischer Kaiser Anlass genug, über den Verfall römischer Sitten zu klagen. Nicht zuletzt, um die Kritiker eines Besseren zu belehren, entwickelte sich Trajan zu einem sehr aktiven Herrscher. Unter seiner Regentschaft erreichte das Römische Reich seine größte Ausdehnung, als Folge von Kriegen, die der Kaiser in Dakien und im Orient führte, wo die Legionen den Euphrat, die traditionelle Ostgrenze des Reiches, überschritten und bis in den Iran vorstießen.

Historisch wertvoll, was die Praxis in der Verwaltung und Organisation der Provinzen angeht, ist der erhaltene Briefwechsel zwischen Trajan und Plinius dem Jüngeren, den Trajan als Statthalter in die Provinz *Bithynia et Pontus* im Nordwesten der heutigen

Plinius der Ältere
(ca. 23–79 n. Chr.)

Plinius der Jüngere
(ca. 61–112 n. Chr.)

Römische Schriftsteller

Plinius der Ältere ist der Autor einer viel gelesenen *Naturalis historia (Naturgeschichte)*. In 37 Büchern breitet er das enzyklopädische Wissen seiner Zeit auf den Gebieten Geografie, Kosmologie, Botanik, Zoologie, Medizin, Pharmakologie und Mineralogie aus. Er starb beim Ausbruch des Vesuv. Sein Neffe Plinius der Jüngere wurde unter Kaiser Trajan 100 n. Chr. Konsul. Aus diesem Anlass schrieb er eine Lobrede *(Panegyricus)* auf den Kaiser. Plinius der Jüngere fasste seine Korrespondenz mit bekannten und weniger bekannten Zeitgenossen in neun Büchern zusammen. Die Briefe vermitteln ein anschauliches Bild der römischen Gesellschaft und Kultur. Sein Briefwechsel mit Trajan aus der Zeit, in der Plinius Statthalter in der Provinz *Bithynia et Pontus* war, gibt wichtige Auskünfte etwa über die Provinzverwaltung oder die Sanktionen gegen die christlichen Gemeinden in Bithynien.

Türkei an der Südküste des Schwarzen Meeres entsandt hatte. Die Korrespondenz beweist, dass der Prinzeps über das Geschehen in der Provinz bestens informiert war. Berühmt sind die Briefe, die sich mit der Verfolgung der Christen befassen und in denen Trajan beispielsweise erläutert, unter welchen Bedingungen Christen hinzurichten seien. So sind die Briefe ein frühes Zeugnis für den Umgang der römischen Obrigkeit mit den Anhängern der sich in dieser Zeit rasch ausbreitenden Religion.

Als Trajan am 7. August 117 n. Chr. starb, wurde der ebenfalls aus der Stadt Italica stammende Hadrian sein Nachfolger. Er brachte das Römische Reich bis zu seinem Tod am 10. Juli 138 n. Chr. auf einen neuen Kurs. So bereitete er der Expansionspolitik seines Vorgängers ein Ende, gab die Eroberungen im Orient auf und konzentrierte sich darauf, das Reich nach innen zu konsolidieren. Die damit verbundene Abgrenzung des Reiches dokumentiert eindrucksvoll der Hadrianswall, den er als Bollwerk gegen die Pikten und

Kaledonier in Britannien anlegen ließ. Hadrian war viel unterwegs. Als »Reisekaiser« nahm er fast alle Regionen des Reiches persönlich in Augenschein. 132 n. Chr. erhoben sich die Juden in Palästina unter der Führung von Simon Bar Kochba. Daraus resultierte ein erbittert geführter, für beide Seiten verlustreicher Krieg, der bis 135 n. Chr. andauerte. Am Ende siegten die Römer. Aus Jerusalem wurde die Stadt *Aelia Capitolina*, benannt nach der Familie der Aelia, aus der Hadrian stammte, und dem Kapitol in Rom.

Hadrians Nachfolger Antoninus Pius regierte ab 138 n. Chr. 23 Jahre lang – dies aber so unauffällig, dass er bis heute zu den unbekanntesten römischen Kaisern zählt. Tatsächlich ist seine Herrschaft ein weiteres und besonders lehrreiches Beispiel für die strukturelle Effizienz des Römischen Reiches: Damit es funktionierte, bedurfte es nicht des tatkräftigen Handelns des Kaisers. Antoninus Pius führte keine Kriege und hielt sich, im Gegensatz zu seinem Vorgänger, die meiste Zeit in Rom auf. Mit dem Senat stand er in gutem Einvernehmen, das Volk erfreute er mit »Brot und Spielen« und vielen Bauprojekten.

Am 7. März 161 n. Chr. wurde Mark Aurel Kaiser. Er ernannte seinen Vertrauten Lucius Verus zum Mitherrscher, der ihm bis zu seinem Tod 149 n. Chr. zur Seite stand. Es liegt eine gewisse Tragik darin, dass der vielseitig gebildete Mark Aurel, der lieber Philosoph gewesen wäre, als Kriegskaiser in die Geschichte eingegangen ist. Einige germanische Völkerschaften, darunter Markomannen, Quaden und Sarmaten, überquerten die

Ein Teil des über 100 Kilometer langen Hadrianswalls in Großbritannien. Diese römische Grenzbefestigung wurde von 122 bis 128 n. Chr. auf Veranlassung Kaiser Hadrians gebaut. In der Nähe verläuft heute die Grenze zwischen Schottland und England.

Donau und zwangen den Kaiser zu einem langen, letztlich erfolgreichen Abwehrkampf. Erstmals seit der Zeit der Republik gerieten die erfolgsverwöhnten Römer, die Herren der Welt, in die Defensive, was viele Zeitgenossen erschreckte. Dabei waren Vorstöße der Germanen nichts Besonderes. Immer wieder hatten sie Versuche unternommen, die Reichsgrenzen zu überschreiten, sei es um Beute zu machen, sei es auf der Suche nach Siedlungsraum. Solange der römische Staat florierte, waren die Grenzen gut bewacht gewesen. Inzwischen hatten sich die Verhältnisse geändert. In den »guten« Zeiten hatte Rom eindeutig über seine Verhältnisse gelebt, viel Geld ausgegeben für unrentable Repräsentationsbauten. Weil Rom weniger Kriege führte, ging die Zahl der Sklaven zurück. Dadurch fehlte es an Arbeitskräften, sodass viele Landgüter brachlagen. Auch kam es zu empfindlichen Lücken in der gewerblichen Produktion. Der Rückgang der Finanzen wirkte sich auch auf die Sicherheit der Grenzen aus, weil man die Soldaten nicht mehr so üppig wie zuvor bezahlen konnte. Die Einfälle der Germanen waren also nicht Auslöser, sondern Folge einer schleichenden Krise.

Mit dem Tod Mark Aurels am 17. März 180 n. Chr. endete die Zeit der Adoptivkaiser, da Mark Aurel mit Commodus einen leiblichen Sohn zu seinem Nachfolger bestimmt hatte und man so zum dynastischen Prinzip zurückkehren konnte. Commodus' Herrschaft wird in den Quellen äußerst negativ dargestellt. Tatsächlich pflegte er einen – milde formuliert – unkonventionellen Regierungsstil und hatte seine Freude daran, die Eliten zu reizen, etwa indem er als Gladiator auftrat oder göttliche Ehren für sich beanspruchte. Von dem Vorwurf der älteren Forschung, Rom in den Ruin gestürzt zu haben, muss man ihn jedoch entlasten: Die Krise hatte schon zuvor eingesetzt und war so beschaffen, dass ein einzelner Herrscher sie nicht hätte auslösen können. Commodus wurde am 31. Dezember 192 n. Chr. Opfer einer Verschwörung.

69 n. Chr. hatte es ein Vierkaiserjahr gegeben, 193 n. Chr. gab es ein Fünfkaiserjahr. Heer, Senat und Prätorianer versuchten, ihre jeweiligen Favoriten auf den verwaisten Thron zu bringen. So tauchen für sehr kurze Zeit die Namen der Kaiser Helvius Pertinax, Didius Iulianus, Pescennius Niger und Clodius Albinus auf der Bühne der großen Geschichte auf. Längerfristig durchsetzen konnte sich Septimius Severus, der Begründer der Dynastie der Severer. Mit ihm gelangte erstmals ein Afrikaner an die Spitze des Reiches: Er war am 11. April 146 n. Chr. in der Stadt Leptis Magna im heutigen Libyen geboren worden. Die kaiserliche Gattin Iulia Domna stammte aus dem syrischen Emesa, dem heutigen Homs. Die Dynastie blieb bis 235 n. Chr. an der Macht.

Auf Septimius Severus, der 211 n. Chr. starb, folgten seine Söhne Caracalla und Geta. Caracalla ließ Geta ermorden, herrschte nunmehr allein und führte zahlreiche Kriege, unter anderem gegen die westgermanischen Alamannen. Unter seiner Regie erschien 212 n. Chr. die *Constitutio Antoniniana*. Durch dieses Gesetz erhielten, mit wenigen Ausnahmen, alle Bewohner des Reiches das römische Bürgerrecht.

150
151
Die Geschichte der Antike

Die römische Kaiserzeit
Die Krise des Reiches im 3. Jahrhundert n. Chr.

Wahrscheinlich standen hinter dieser Maßnahme fiskalische Überlegungen, denn kurz zuvor hatte Caracalla die Erbschaftssteuer erhöht, die nur römische Bürger zu zahlen hatten. Weitere Vertreter der Dynastie waren Elagabal, der bis 218 n. Chr. regierte und in Rom als Priester orientalischer Gottheiten auftrat, und Severus Alexander, mit dem die Dynastie 235 n. Chr. endete. Unter den Severern nahmen die Bedrohungen an den Reichsgrenzen weiter zu. Rhein, Donau und Euphrat entwickelten sich mehr und mehr zu umkämpften Zonen. Die Severer antworteten auf diese Herausforderungen mit der Militarisierung von Staat und Gesellschaft. Alles ordneten sie den Bedürfnissen der Armee unter. Der Senat verlor jeglichen Einfluss auf die Reichsverwaltung. Die Zahl der Legionen wurde vergrößert, der Sold der Soldaten erhöht. Wer beim Militär diente, erhielt viele Privilegien.

Moderne Kopie einer Reiterstatue Mark Aurels auf dem Kapitolsplatz in Rom. Das Original wurde vermutlich um 165 n. Chr. geschaffen.

Die Krise des Reiches im 3. Jahrhundert n. Chr.

Die Militärpolitik der Severer trug nicht dazu bei, die Probleme des Staates zu lösen. Das Römische Reich hatte mit sinkenden Steuereinnahmen und einem rapiden Verfall der Währung zu kämpfen. Die Aufwendungen für das Militär verschärften die finanziellen Probleme. Gleichzeitig intensivierten germanische Völker, die römische Schwäche ausnutzend, den Druck auf die Grenzen. Die Armeen befanden sich im Dauereinsatz gegen Franken, Alamannen und Goten. Zusätzlich entstand im Orient mit der persischen Dynastie der Sassaniden ein machtvoller Gegner, der die Römer immer wieder in Bedrängnis brachte.

Infolge der Militarisierung des Staates kamen im 3. Jahrhundert n. Chr. die sogenannten Soldatenkaiser an die Macht. Zwischen 235 und 284 n. Chr. gab es nicht weniger als 72 Kaiser – legitime wie illegitime. Das Vertrauen in das politische System war zerstört, und so hatten die Soldaten unter Umgehung des Senats ihre jeweiligen Kommandanten zu Kaisern erhoben. Sie taten dies in der Erwartung, dass der Beförderte ihnen ausreichend Gelegenheit zum Kämpfen und damit auch zum Beutemachen bieten würde. Kriege führte man jetzt nicht nur aus militärischen Gründen, sondern auch weil der Kriegsherr den Forderungen seiner Soldaten entsprechen musste. Tat er dies nicht, bedeutete dies meist das rasche Ende seiner Laufbahn. Die Soldaten setzten dann auf einen anderen Kommandanten.

Der erste dieser Soldatenkaiser war Maximinus Thrax. In Thrakien geboren, begann er seine militärische Laufbahn unter Septimius Severus. 235 n. Chr. erhoben ihn seine Soldaten in Mogontiacum (Mainz) zum Kaiser. An der Donau führte er Krieg gegen die Sarmaten und die Daker. Im April 238 n. Chr. erschlugen ihn seine eigenen Soldaten bei Aquileia.

Das sogenannte Hadrianstor wurde Anfang des 3. Jahrhunderts n. Chr. zu Ehren des römischen Kaisers in der antiken Oasenstadt Palmyra im heutigen Syrien errichtet.

152
153
Die Geschichte der Antike | Die römische Kaiserzeit
Die Krise des Reiches im 3. Jahrhundert n. Chr.

Die Krise des Reichs im 3. Jahrhundert n. Chr. gefährdete auch die
Reichseinheit. Rom und Italien, die Kerngebiete des Imperiums, verloren in dem Maße an Einfluss und Bedeutung, wie sich die militärischen und politischen Schwerpunkte an die Grenzen und Peripherien
verlagerten. Ausdruck dieser Tendenz war die Entstehung von eigenständigen Sonderreichen auf dem Boden des Imperium Romanum.
Im Westen gründete der obergermanische Statthalter Postumus
260 n. Chr. das Gallische Sonderreich, das zeitweise auch Britannien
und Spanien umfasste. In der Oasenstadt Palmyra herrschte die einheimische Potentatin Zenobia über weite Gebiete des Vorderen Orients
und nahm den Titel einer römischen Kaiserin an. Die regulären Kaiser
griffen erst nach einigem Zögern ein, da sie dankbar waren, dass Postumus und Zenobia die West- und die Ostgrenze des Römischen Reiches
schützten.

Begleitet wurde die Reichskrise von massiven Aktionen des Staates gegen die Christen. Erstmals kam es in dieser Zeit zu reichsweiten, systematischen Verfolgungen von Anhängern dieser zahlenmäßig
inzwischen stark angewachsenen Religionsgemeinschaft. Verbunden
sind diese Sanktionen vor allem mit den Namen der Kaiser Decius (regierte 249–251 n. Chr.), Valerian (regierte 253–260 n. Chr.) und Diokletian (regierte
284–305 n. Chr.). Religiöse Motive standen dabei nicht im Vordergrund. Vor allem
benötigte man Sündenböcke, denen man die Schuld für die Probleme des Reiches
geben konnte. Die Christen, so ließ man verlauten, verärgerten mit ihren Glau-
benspraktiken die Götter, die sich dadurch rächten, dass sie den Menschen Kriege
und Katastrophen schickten. Die Christen hingegen vertrauten ihrem eigenen
Gott und empfanden es als gerechte Strafe, als Valerian 260 n. Chr. während eines
Feldzugs im Orient, als erster römischer Kaiser überhaupt, in persische Gefangenschaft geriet.

Initiativen, die Krise zu meistern, gab es zunächst nur wenige. Es fehlte den
Verantwortlichen an Erfahrung im Umgang mit einer solchen Situation. Erste
Lösungsansätze boten die Kaiser Gallienus (regierte 253–268 n. Chr.) und Aurelian
(regierte 270–275 n. Chr.). Gallienus reformierte das Heer und schuf eine mobile,
vielseitig einsetzbare Reitertruppe. Aurelian setzte auf eine neue religiöse Einheit
innerhalb des Reichs. Als Instrument diente ihm dabei der Kult des Sonnengottes
Sol Invictus, den er in die Reihe der offiziellen römischen Staatsgötter aufnehmen
ließ und hinter dem sich nach dem Willen des Kaisers das verunsicherte Volk scharen sollte. Die Lösung der Krise aber blieb Diokletian vorbehalten, der, wie es sich
zeigen sollte, die richtigen Konsequenzen zog

Römische Marmorbüste
des ersten Soldatenkaisers
Maximinus Thrax,
um 236 n. Chr.

DIE SPÄTANTIKE

Mit Kaiser Diokletian (284–305 n. Chr.) beginnt die Spätantike, so der moderne Begriff für die letzte Phase der Antike. Die darin implizierte Konnotation des Abstiegs oder Niedergangs sollte nicht dazu verleiten, die eigenständigen Entwicklungen dieser Zeit zu unterschätzen. Auch wenn sich Epochengrenzen nicht immer an der Herrschaft einzelner Personen festmachen lassen, bedeutete die Ära des Kaisers Diokletian einen wesentlichen Einschnitt in der Geschichte des Römischen Reiches. Er brachte mit verschiedenen Maßnahmen den Staat wieder auf Kurs. Zu den bedeutsamen Entwicklungen in der Folgezeit zählen der Siegeszug des Christentums und die Teilung des Imperiums in ein Westreich und ein Ostreich. In der zweiten Hälfte des 5. Jahrhunderts n. Chr. endete das Kaisertum im Westen, wofür es komplexe Gründe gab. Die sogenannte Völkerwanderung, die früher als Hauptursache für die Veränderung der politischen Verhältnisse galt, war nicht einmal der wichtigste Faktor in einem ganzen Bündel an Krisenelementen, die in der Summe dazu führten, dass sich im Westen des ehemaligen Römischen Reiches zahlreiche germanische Nachfolgestaaten herausbilden konnten.

Diokletian und die Tetrarchie

Diokletian war ein typischer Soldatenkaiser. Geboren um 244 n. Chr. in Illyrien, im Westen der Balkanhalbinsel, machte er beim Militär Karriere, wurde 284 n. Chr. von seinen Soldaten in Nikomedia (heute İzmit in der Türkei) zum Kaiser erhoben und

Metropolen der Spätantike

INFO

Neben der Stadt Rom entstanden in der Spätantike zahlreiche neue Residenzen und Metropolen. In Italien kamen zunächst Mailand, Verona und Ravenna hinzu. Ravenna wurde im 5. Jahrhundert n. Chr. Residenz des weströmischen Kaisers, während der oströmische Kaiser in Konstantinopel (heute Istanbul) residierte. Zuvor hatten durch Diokletians Tetrarchie Trier, Nikomedia (das heutige İzmit in der Türkei), Thessaloniki, Sirmium (lag innerhalb der heutigen serbischen Stadt Sremska Mitrovica in der Vojvodina) und Serdica (das heutige Sofia in Bulgarien) den Status von kaiserlichen Residenzen erlangt.

schaltete kurz darauf den im Westen des Römischen Reiches herrschenden Kaiser Carinus aus, wodurch er Herrschaft über das gesamte Reich erlangte. Diokletian war der letzte Soldatenkaiser und zugleich der Architekt eines neuen Herrschaftssystems, das man mit den Begriffen »Tetrarchie« und »Dominat« bezeichnet. »Tetrarchie« bedeutet Viererherrschaft und bezieht sich auf den Umstand, dass es nun nicht mehr nur einen, sondern vier Kaiser gleichzeitig gab. Die Tetrarchie war die Antwort auf die chaotischen Herrschaftsverhältnisse in der Zeit der Soldatenkaiser. Ein Kaiser allein, so die Erfahrung, konnte die vielfältigen Probleme nicht bewältigen. Also lag es nahe, die Herrschaft zu teilen. Diokletian erhob 286 n. Chr. seinen Kampfgefährten Maximianus zum Augustus und damit zum Mitkaiser. 293 n. Chr. wandelte sich das Duo zu einem Quartett, nachdem Diokletian die Militärs Galerius und Constantius Chlorus zu Caesaren, also zu Juniorkaisern, befördert hatte. Das Band zwischen den älteren und den jüngeren Kaisern wurde durch das bewährte Mittel der Adoption gefestigt.

Jeder Herrscher erhielt einen territorialen Zuständigkeitsbereich: Constantius den Nordwesten mit Gallien, Britannien und Germanien, Maximianus das Kernland Italien, dazu Spanien und Nordafrika, Diokletian und Galerius den Osten des Reiches mit dem Balkan, Griechenland, Kleinasien und dem Vorderen Orient. Dabei entstanden neue

Sogenannte Tetrarchengruppe an der Markuskirche in Venedig. Die zwischen dem 3. und 4. Jahrhundert entstandene Porphyrskulptur wird als Darstellung von Diokletian, Maximianus, Galerius und Constantius Chlorus gedeutet.

Residenzen wie Trier, Mailand und Nikomedia. Sie lagen näher an den Brennpunkten des Geschehens als die ehrwürdige Hauptstadt Rom, die politisch mehr und mehr ins Abseits geriet. 305 n. Chr. traten – ein Novum in der römischen Geschichte – die Senioren zurück und machten Platz für die bisherigen Junioren, die nun selbst zu Augusti wurden und ihrerseits Caesaren ernannten. Die neue Ordnung sorgte nach einer langen Phase der Unsicherheit für relativ stabile Verhältnisse an der Spitze des Reiches.

Nach einer neuzeitlichen, vom lateinischen *dominus* (»Herr«) abgeleiteten Wortschöpfung spricht man in Bezug auf das von Diokletian installierte Herrschaftssystem häufig vom Dominat, im Gegensatz zum vorhergehenden Prinzipat. Zur Sicherung der Herrschaft und zur Steigerung der Autorität des Kaisers betrieb man nun konsequent dessen religiöse Überhöhung. Entsprechend prunkvoll gestaltete sich das höfische Zeremoniell.

Innovativ zeigten sich die Tetrarchen auch auf dem Gebiet von Verwaltung und Wirtschaft. Die bisherigen Provinzen des Reiches teilten sie in kleinere, effizientere administrative Einheiten. Mit Reformen auf dem Gebiet der Steuer- und Währungspolitik zeigte Diokletian ebenfalls sein Geschick darin, Krisen zu bewältigen. Weniger erfolgreich verlief eine Kampagne mit dem Ziel, die grassierende Inflation zu bekämpfen. Die Soldatenkaiser hatten massenhaft Münzen prägen lassen, um so der wirtschaftlichen Probleme Herr zu werden. 301 n. Chr. erließ Diokletian eine Verordnung, die als Höchstpreisedikt oder auch als Maximaltarif in die Geschichte eingegangen ist. Für sämtliche Waren und Dienstleistungen wurde eine preisliche Obergrenze festgesetzt. Dies stellte den massivsten staatlichen Eingriff in die Wirtschaft dar, den es in der in ökonomischer Hinsicht eher liberalen Antike je gegeben hat. Der Erfolg der Maßnahme hielt sich jedoch in Grenzen. Effiziente Kontrollmöglichkeiten fehlten und in manchen Branchen blühte nun der Schwarzmarkt.

Konstantin der Große und die Christianisierung des Römischen Reiches

Nach der freiwilligen Abdankung der Augusti Diokletian und Maximianus verlief der Übergang zur nächsten Tetrarchie zunächst reibungslos. Überraschend starb jedoch im Juli 306 n. Chr. der neue Augustus Constantius Chlorus im britannischen Eboracum (heute York). Das tetrarchische System, das auf den Säulen zeitlich limitierter Herrschaft und der Vermeidung des dynastischen Prinzips beruhte, war bald darauf nur noch Makulatur und mündete in eine Serie von erbitterten Kämpfen um die Macht im Römischen Reich. Konstantin, der Sohn des verstorbenen Constantius Chlorus, stellte dabei eine

treibende Kraft dar. Geboren zwischen 270 und 288 n. Chr. in der Balkanstadt Naissus (heute Niš in Serbien), bewies er nach dem Tod seines Vaters einen ausgeprägten Willen zur Macht. In langwierigen Kämpfen setzte er sich gegen seine zahlreichen Rivalen durch und erlangte nach der Ausschaltung seines letzten Konkurrenten Licinius 324 n. Chr. die Alleinherrschaft. Aus der Tetrarchie Diokletians war nun wieder eine Monarchie geworden. Nachdem Konstantin 337 n. Chr. gestorben war, folgten ihm, gemäß dem reaktivierten dynastischen Prinzip, seine drei Söhne, die sich allerdings bald in Konflikte und Machtkämpfe verstrickten.

Bei der Schlacht an der Milvischen Brücke ertrank Konstantins Gegner Maxentius im Tiber. Nachkolorierter Kupferstich von Matthäus Merian dem Älteren, 1630

Konstantin hat mehr als andere römische Kaiser der Geschichte seinen Stempel aufgedrückt, und dies in zwei Fällen mit bemerkenswert nachhaltiger Wirkung. Zum einen verlegte er seine bevorzugte Residenz an den Bosporus. Dort, wo Jahrhunderte zuvor griechische Siedler die Stadt Byzantion gegründet hatten, weihte er 330 n. Chr. die neue Metropole *Konstantinopolis* ein. Zwischen zwei Kontinenten gelegen, bot die Metropole unter handelspolitischen und strategischen Gesichtspunkten beste Voraussetzungen. Zum anderen gilt Konstantin als der erste christliche Kaiser. Diokletian hatte die Christen zuvor noch massiv verfolgt. Nachdem Konstantin seinen Widersacher Maxentius in der Schlacht an der Milvischen Brücke – eine Tiber-Brücke in der Nähe von Rom – im Jahr 312 n. Chr. besiegt hatte, präsentierte er sich als engagierter Förderer des Christentums. Dem Konstantin-Biografen Eusebios zufolge erschien vor dieser Schlacht am Himmel das Kreuzeszeichen mit dem Schriftzug *en touto nika* (gr. für »in diesem Zeichen siege«). Zudem soll sich Christus dem kampfbereiten Konstantin im Traum gezeigt und ihm empfohlen haben, mit jenem Zeichen als Schutzzeichen in die Schlacht zu ziehen. Tatsächlich führte seine Armee im Kampf eine Standarte in

Form eines Kreuzes mit dem Christogramm, also den griechischen Anfangsbuchstaben Chi und Rho des Namens Christus, mit sich.

In der Folge konnten sich die Christen über zahlreiche Privilegien freuen, überall entstanden Kirchen – etwa Vorgängerbauten des Petersdoms in Rom und der Hagia Sophia im heutigen Istanbul – und Konstantins Mutter Helena brachte mit ihren Wallfahrten nach Jerusalem, die bald viele Nachahmer fanden, den Pilgertourismus ins Heilige Land in Schwung.

Über diese sogenannte konstantinische Wende wird in der Forschung intensiv diskutiert. War Konstantin wirklich ein Christ? Oder nutzte er die Gemeinschaft der Christen aus, um seine politische Karriere zu befördern? Manches spricht für die zweite Option, etwa die Beibehaltung traditioneller religiöser Rituale und Titel. Seinen Beinamen »der Große« erhielt er jedenfalls nicht von dankbaren Christen, sondern von dem zeitgenössischen griechischen Autor Praxagoras, der seine Primärtugenden des Schönen und Guten rühmte. »Schön« und »gut« zu sein stand auf Konstantins Agenda indes nicht ganz oben. Vielmehr erkannte er klar, dass die Christen mit ihrer reichsweiten Organisation ein wichtiger Partner im Kampf um die Macht sein konnten. Nicht ein starker Herrscher nahm sich einer schwachen Religion an, sondern umgekehrt benötigte ein durch Bürgerkriege bedrängter Kaiser die Unterstützung einer starken Religion. Es war in der Geschichte der römischen Kaiser eine lange Tradition, sich eines erfolgreichen Gottes als Helfer zu bedienen. So hatte zum Beispiel auch Augustus, der Begründer des Kaisertums, Apollon als seinen persönlichen Schutzgott gewählt.

Eine Nagelprobe erlebte das frisch beförderte Christentum auf dem Konzil in Nikaia (auch Nicäa, heute İznik in der Türkei) 325 n. Chr. Dabei stritten sich die Kirchenfürsten unter kaiserlichem Vorsitz über die schließlich als Irrlehren klassifizierten Ansichten des Klerikers Areios (Arius) aus Alexandria, der sich gegen die Wesensgleichheit von Gottvater und Gottsohn gewandt hatte. Die kaiserliche Protektion und das damit verbundene Ende der Verfolgungen hatten bei den Christen zum Ende der Solidarität innerhalb der eigenen Reihen geführt. Stattdessen dominierten nun theologische Streitigkeiten und Machtkämpfe um die besten Positionen in der klerikalen Hierarchie.

Trotzdem setzte sich der Siegeszug des Christentums unaufhaltsam fort. Kaiser Julian, dem die Christen den Beinamen *Apostata* (»der Abtrünnige«) gaben, unternahm zwar während seiner kurzen Herrschaft (360–363 n. Chr.) den Versuch, die alten und aus Sicht der Christen heidnischen Kulte zu reaktivieren, scheiterte damit aber. Am Ende des 4. Jahrhunderts n. Chr. verbot der 379 n. Chr. an die Macht gekommene Kaiser Theodosius I. sämtliche nichtchristlichen Religionen im Römischen Reich. Das Christentum war jetzt Staatsreligion in dem Sinne, dass es daneben keine andere Religion mehr geben durfte. Damit existierte zum ersten Mal in der römischen Geschichte ein staatlich verordneter Monotheismus.

Augustinus
(354–430 n. Chr.)

Theologe und Philosoph

Augustinus war der einflussreichste Theologe und Kirchenschriftsteller der Antike. Er stammte aus dem westlichen Nordafrika, einer der Hochburgen des frühen Christentums. In zahlreichen Schriften formulierte er Glaubenssätze und Lehrmeinungen, die weit über die Antike hinaus Bestand hatten. In den *Confessiones (Bekenntnissen)* legte er in Form einer Autobiografie seinen eigenen Weg zum Glauben dar. In *De Civitate Dei (Über den Gottesstaat)*, verfasst 410 n. Chr. nach der Eroberung Roms durch die Westgoten, verteidigte er die Christen gegen den Vorwurf, sie trügen wegen der Abwendung von den alten Göttern die Schuld an allen Kriegen und Katastrophen, von denen Rom zu dieser Zeit heimgesucht wurde.

Ostrom und Westrom: die Reichsteilung von 395 n. Chr.

Theodosius I. starb am 17. Januar 395 n. Chr. In seinem Testament vermachte er die Herrschaft seinen beiden Söhnen Honorius und Arcadius. Honorius erhielt den Westen des Reiches, Arcadius den Osten. Die Demarkationslinie zwischen den beiden Reichsteilen lief über den Balkan durch das heutige Albanien. Theodosius hoffte, dass man mit einer Teilung der Herrschaft die vielfältigen Probleme, denen sich das Imperium gegenübersah, besser lösen könne. Als er starb, war Honorius zehn, Arcadius 17 Jahre alt. Aus Gründen der Herrschaftssicherung und als Schutzmaßnahme vor feindlichen Machtübernahmen hatte man auch früher schon sogenannte Kinderkaiser eingesetzt, um auf diese Weise die Kontinuität der Dynastien zu gewährleisten. Auch eine Teilung der Herrschaft war an sich kein neues Phänomen. Doch führte die testamentarische Verfügung des Theodosius nicht nur zu einer Teilung der Herrschaft, sondern auch zu einer Teilung des Reiches. Anfangs hielt man die Fiktion der Einheit des Imperiums noch aufrecht. So galten Gesetze, die einer der beiden Kaiser erließ, in beiden Reichshälften. Aber bald entwickelte sich die Grenze auf dem Balkan zu einer politischen, wirtschaftlichen, kulturellen und religiösen Trennlinie. Aus dem geeinten Imperium Romanum formten sich ein lateinischer Westen und ein griechischer Osten.

Die »Völkerwanderung«

Goten, Franken, Alamannen, Vandalen, Angelsachsen, Langobarden – lang ist die Liste der zumeist germanischen Völker, die dem Römischen Reich im 4. und 5. Jahrhundert n. Chr. so sehr zusetzten, dass die »Völkerwanderung« vor allem von der älteren Forschung als ein wesentlicher, wenn nicht gar ausschlaggebender Faktor für den Niedergang des Imperiums angesehen wurde. Diese Auffassung ist in mehrerer Hinsicht zu differenzieren. So suggeriert der Begriff »Völkerwanderung« ein organisiertes Vorgehen und eine kulturelle Geschlossenheit der beteiligten Völker, die es in der Realität nicht gegeben hat. Die Gruppen, deren Zusammensetzung sich während der Migration auch

»Germanen auf der Wanderung«, nachkolorierter Holzstich nach einer Zeichnung von Otto Knille, 1880

wandeln konnte, waren aus unterschiedlichen Gründen unterwegs. Meistens suchten sie nach neuen Siedlungsplätzen, weil andere Stämme sie vertrieben oder sich die Lebensbedingungen durch Veränderungen des Klimas verschlechtert hatten.

Das ökonomisch immer noch attraktive Römische Reich übte eine besondere Anziehungskraft aus. Dabei kam es migrierenden Völkern nicht darauf an, das Reich zu zerstören. Ganz pragmatisch schlossen einzelne germanische Führer mit dem römischen Kaiser Verträge, in denen ihnen grenznahes Land zugesichert wurde und sie sich im Gegenzug zum Militärdienst und zur Zahlung von Steuern verpflichteten. So standen die Zeichen nicht nur auf Konfrontation, sondern auch auf Integration. Dies war besonders auf dem Gebiet der Religion der Fall. Im 6. Jahrhundert schrieb der gotische Schriftsteller Jordanes in seiner *Geschichte der Goten* über die Christianisierung der Westgoten:

> »Sie schickten Gesandte zu den Römern zu Kaiser Valens, den Bruder des älteren Kaisers Valentinian, mit der Botschaft, falls er ihnen einen Teil Thrakiens oder Moesiens zur Besiedlung überließe, sie sich seinen Gesetzen und seiner Herrschaft unterwerfen würden. Und um festeres Vertrauen bei ihm zu finden, versprachen sie, wenn er ihnen Lehrer seiner Sprache gebe, würden sie Christen werden.«

Der römische Kaiser Valens, der von 364 bis 378 n. Chr. regierte und sich die Herrschaft mit seinem älteren Bruder Valentinian I. bis zu dessen Tod 375 n. Chr. teilte, war ein Anhänger der arianischen Glaubensrichtung, die sich trotz des Urteils von Nikaia großer Beliebtheit erfreute. Die Goten adaptierten deshalb ebenfalls das Christentum in der arianischen Version, die mit dem über allem thronenden Gottvater auch eher den Herrschaftsverhältnissen innerhalb der gotischen Stämme entsprach.

Kaiser Valens kam 378 n. Chr. bei einer Schlacht gegen gotische Verbände in der Nähe von Adrianopel (dem heutigen Edirne in der Türkei) ums Leben. Die Wanderung der Goten war wiederum durch einen Vormarsch der Hunnen aus den zentralasiatischen Gebieten ausgelöst worden. Dieses kampferprobte Reitervolk hatte wenige Jahre zuvor wohl aus klimatischen Gründen seine Heimat in den Weiten Zentralasiens verlassen und sich auf den Weg Richtung Westen begeben. In den folgenden Jahren stießen die Hunnen immer weiter nach Westen vor und verschärften damit die Krisensituation im Römischen Reich. In dem ab 434 n. Chr. herrschenden Attila hatten die Hunnen einen strategisch außerordentlich begabten König und Militärführer, der erst 451 n. Chr. in der Schlacht auf den Katalaunischen Feldern in Gallien in seinem Expansionsdrang gestoppt werden konnte.

Ein Goldmedaillon mit den Porträts der gemeinsam herrschenden Brüder Valentinian I. und Valens aus deren Regierungszeit von 364 bis 375 n. Chr.

Germanische Heerführer und Könige

Alarich – Westgotischer Heerführer, lebte von 370 bis 410 n. Chr. Nach der Erstürmung Roms wollte er von Süditalien aus mit seinen Westgoten nach Nordafrika übersetzen, starb aber in Cosenza, einer Stadt an der Südspitze Italiens.

Athaulf – König der Westgoten von 410 bis 415 n. Chr. Er heiratete 414 n. Chr. Galla Placidia, die Schwester des weströmischen Kaisers Honorius und des oströmischen Kaisers Arcadius, nachdem er sie nach der Eroberung Roms 410 n. Chr. als Geisel genommen hatte. Er war in Gallien und Spanien aktiv.

Geiserich – König der Vandalen von 428 bis 477 n. Chr. Unter seiner Regie setzten sich die Vandalen in Nordafrika fest und machten Karthago zu ihrer Hauptstadt. Auf sein Konto gingen Beute- und Kaperzüge im Mittelmeer.

Alboin – König der Langobarden von etwa 560 bis 572 n. Chr. 568 n. Chr. zog er mit großen Teilen seines Volkes nach Italien und brachte dort umfangreiche Territorien unter seine Herrschaft.

Das Ende des Weströmischen Reiches

Letzter Kaiser im Weströmischen Reich war ein junger Mann mit dem beziehungsreichen Namen Romulus Augustulus, in dem der Stadtgründer Romulus und der erste Kaiser Augustus anklingen. Der germanische Heerführer Odoaker setzte ihn 476 n. Chr. in Ravenna ab. Den Zeitgenossen erschien dies nicht so dramatisch, wie es im Rückblick wirken mag. An labile Verhältnisse an der Reichsspitze und ständig wechselnde Kaiser war man inzwischen gewöhnt. Wirtschaftliche und soziale Probleme hatten dazu geführt, dass sich viele Menschen nicht mehr mit dem römischen Staat identifizierten. Zu dieser Haltung trug insbesondere der immense Steuerdruck bei, den die Herrschenden den Bürgern auferlegten, um die vielen Kriege zu finanzieren. Dadurch nahm die wirtschaftliche Produktivität sowohl in der Landwirtschaft als auch in Handel und Gewerbe erheblich ab.

Wie sehr die Menschen verunsichert waren, zeigte sich deutlich, als die Westgoten unter Führung ihres Königs Alarich im August 410 n. Chr. Rom stürmten und plünderten. Diese Strafaktion für nicht eingehaltene Zusagen der Römer entsetzte die Zeitgenossen und führte zu Visionen apokalyptischer Art, wie sie etwa ein gallischer Kirchenfürst formulierte:

»Alle erwarten das Ende der Welt. Weder Gebirge noch Ströme, Mauern oder Festungen halten die barbarischen Völker mehr auf. Streit herrscht überall. Wer früher im Wagen durch herrliche Städte fuhr, zieht jetzt ermattet durch das verödete Land. Tausendfacher Tod geht um, der Friede hat die Erde verlassen.«

Die Westgoten zogen weiter, erst nach Gallien, dann nach Spanien, wo sie ein eigenes Reich gründeten. 455 n. Chr. plünderten auch die Vandalen, die inzwischen die Herrschaft über das römische Nordafrika übernommen hatten, unter der Führung ihres Königs Geiserich die Stadt Rom. Im Laufe der Zeit bildeten sich auf dem Boden des offiziell noch den Römern gehörenden Westimperiums eine Reihe germanischer Nachfolgestaaten heraus.

Besser stand es um das Oströmische Reich. Zwar hatten die in Konstantinopel residierenden Kaiser ebenfalls einige außenpolitische Probleme – vor allem in Gestalt der persischen Sassaniden –, sie verstanden diese aber militärisch und diplomatisch erfolgreicher zu handhaben als ihre Kollegen im Westen. Außerdem war der Osten dank vielfältiger Ressourcen ökonomisch leistungsfähiger als der Westen.

In Anbetracht der Schwäche des westlichen Kaisertums sahen sich die oströmischen Kaiser als legitime Sachwalter des gesamten Imperiums. Bezeichnend ist das Verhalten des oströmischen Kaisers Zenon. Als Odoaker 476 n. Chr. Ravenna eroberte, nahm er den Titel *rex*, also König, an und nicht etwa, wie die römischen Kaiser, Augustus oder Imperator. Er vermied es auf diese Weise, an das römische Kaisertum anzuknüpfen, da er Konflikte mit Ostrom fürchtete. Aus diesem Grund ließ sich Odoaker auch seinen Königstitel von Zenon bestätigen. Doch war dies Zenon nicht genug. Er beauftragte den Ostgotenkönig Theoderich, Odoaker zu stürzen. Ravenna fiel nach langer Belagerung 493 n. Chr. in die Hände der Angreifer. Theoderich aber gab sich nicht mit der Rolle des oströmischen Statthalters in Italien zufrieden. Er machte sich, zum Verdruss des Kaisers in Konstantinopel, selbstständig und schuf ein ostgotisches Reich, das sich nicht zuletzt dank kluger Diplomatie bald weit über Italien hinaus erstreckte.

BYZANZ

Gut 1000 Jahre länger als im Westen regierten in Konstantinopel Kaiser, die ihre Herrschaft direkt auf die römischen Imperatoren der Antike zurückführten. Dementsprechend erhoben sie den Anspruch, alleinige und legitime Inhaber der universalen Macht über das Römische Reich zu sein, von dessen Existenz sie trotz allen historischen Wandels weiterhin ausgingen. Das Reich von Byzanz – benannt nach der Stadt Byzantion (später Konstantinopel, heute Istanbul), die griechische Siedler 660 v. Chr. gegründet hatten – umfasste zum Zeitpunkt seiner größten Ausdehnung den gesamten Osten des Imperium Romanum, also jene Territorien, die sich aus der Reichsteilung von 395 n. Chr. ergeben hatten. Dazu gehörte neben Anatolien der gesamte Vordere Orient mit Syrien, Palästina und Ägypten. Byzanz wurde zu einem Zentrum von Wissenschaft und Kultur. Ab dem 7. Jahrhundert, im Zuge der arabischen Expansion, ging die politische und militärische Bedeutung des Reiches indes kontinuierlich zurück. Doch erst 1453 n. Chr. gelang es den Osmanen, mit der Eroberung von Konstantinopel die letzte Bastion byzantinischer Macht zu stürzen.

Justinian und die »Renovatio Imperii«

Der oströmische Kaiser Justinian beabsichtigte, das Rad der Geschichte zurückzudrehen. 527 n. Chr. an die Macht gekommen, strebte er die »Renovatio Imperii« an, die Wiederherstellung oder Erneuerung des Reiches unter christlichen Vorzeichen. Der ambitionierte Monarch wollte dem stets von Konstantinopel erhobenen Anspruch auf die Herrschaft über das gesamte Römische Reich – und eben nicht nur über dessen Osten – endlich Taten folgen lassen. Ein wesentliches Problem bestand allerdings darin, dass sich inzwischen im Westen völlig neue politische und territoriale Strukturen herausgebildet hatten. Überall auf dem Boden des Weströmischen Reiches waren von Byzanz unabhängige germanische Nachfolgestaaten entstanden.

Mit hohem finanziellem Aufwand schickte Justinian seine Armeen Richtung Westen. Tatsächlich konnte er die Vandalen in Nordafrika besiegen und nach langen Kämpfen 555 n. Chr. auch Italien den Ostgoten abringen. Doch bereits 568 n. Chr., drei Jahre nach dem Tod Justinians, gingen große Teile Italiens wieder verloren, dieses Mal an das germanische Volk der Langobarden. Im Laufe der Zeit büßte Byzanz auch seine übrigen Verwaltungsbereiche im Westen ein, zuletzt im Jahr 1071 Bari in Süditalien. Dennoch markiert die Herrschaft Justinians eine Glanzzeit der oströmischen Geschichte. Kunst, Literatur und Architektur blühten auf. Mit dem 529 n. Chr. veröffentlichten *Codex Iustinianus* schuf der Herrscher, der 565 n. Chr. im hohen Alter von 83 Jahren starb, eine kanonische Sammlung des römischen Rechts, die die Rechtsgeschichte bis weit in die Neuzeit beeinflusste.

Die Hagia Sophia ist ein Wahrzeichen Istanbuls. An ihrer heutigen Stelle errichtete man unter Kaiser Konstantin I. eine Kirche, die aber – genauso wie ein Nachfolgebau – niederbrannte. Kaiser Justinian veranlasste einen Neubau mit einer gewaltigen Kuppel. Nach der Eroberung Konstantinopels im Jahr 1453 baute man die Kirche zu einer Moschee um. Deutlichstes Zeichen dieser Umgestaltung sind die vier Minarette an den Flanken des Gebäudes. Seit 1935 ist die Hagia Sophia ein Museum.

Byzanz und die arabische Expansion

Kurz nach dem Tod des Propheten Mohammed 632 n. Chr. schickten die islamischen Herrscher ihre Krieger im Namen Allahs in Kämpfe, die weniger der Verbreitung ihrer neuen Religion als vielmehr der Wahrung der von Mohammed mühsam geschmiedeten politischen und sozialen Einheit der Araber galt. Es dauerte nur wenige Jahrzehnte, bis Byzanz sowie dessen Dauerrivale, das mächtige Sassanidenreich in Persien, einen Großteil ihrer Territorien an die hoch motivierten Krieger aus Arabien verloren hatten. Byzanz musste dauerhaft auf das östliche Anatolien, den gesamten Vorderen Orient und Nordafrika verzichten. Dank der massiven Verteidigungsbastionen von Konstantinopel und militärtechnologischer Errungenschaften wie des »Griechischen Feuers« – eines durch Wasser nicht löschbaren Brandmittels, das man im Kampf gegen Schiffe einsetzte – blieben die arabischen Versuche, auch die Hauptstadt zu erobern, ohne Erfolg.

Kaiserin Theodora mit ihrem Hofstaat. Mosaik aus der Kirche San Vitale in Ravenna, 6. Jahrhundert

Theodora
(um 500–548 n. Chr.)

Oströmische Kaiserin

Theodora, Tochter eines im Hippodrom von Konstantinopel beschäftigten Tierwärters, hatte ihr Geld als Schauspielerin verdient, bevor sie Kaiser Justinian 524 oder 525 n. Chr. heiratete. Trotz dieses nichtstandesgemäßen Hintergrunds spielte sie an der Seite des Kaisers politisch eine wichtige Rolle. Als 532 n. Chr. in Konstantinopel der Nika-Aufstand ausbrach – eine Volkserhebung gegen Justinians Zentralgewalt –, bewog sie den zur Flucht entschlossenen Kaiser zum Bleiben. Auch nahm sie Einfluss auf die Besetzung wichtiger staatlicher Ämter und trieb missliebige Politiker in die Verbannung. Nicht einmal 50 Jahre alt, erlag sie 548 n. Chr. einem Krebsleiden.

Die Entwicklung bis 1453 – Ausblick

Zur gleichen Zeit verringerte sich auch die Zahl der von Byzanz beherrschten Gebiete auf dem Balkan durch Landnahmen slawischer Völker. Ab dem 11. Jahrhundert kamen als neue Machtfaktoren die zu den Turkvölkern gehörenden Seldschuken hinzu, die mit dem Sieg in der Schlacht bei Manzikert (heute Malazgirt im Osten der Türkei) im Jahr 1071 große Teile Kleinasiens unter ihre Kontrolle brachten.

Obwohl sich die orthodoxe Kirche des Ostens und die katholische Kirche des Westens 1054 voneinander getrennt hatten, hielt Byzanz an dem seit Justinians Zeiten erhobenen Führungsanspruch über die gesamte christliche Welt weiter fest. In dieser Zeit gingen mit den außenpolitischen Schwierigkeiten massive innere Probleme einher. Chronische Finanznot, soziale Probleme und labile Verhältnisse an der Reichsspitze schwächten das einst starke Byzantinische Reich. Die innere Schwäche beförderte weitere Bedrohungen von außen. So endete 1204 der wesentlich von der reichen Handelsrepublik Venedig dirigierte Vierte Kreuzzug, in dessen Zuge man eigentlich Palästina erobern wollte, in Konstantinopel.

Die katholischen Kreuzfahrer richteten im Zentrum der Orthodoxie ein Massaker an, begleitet von Plünderungen und Brandschatzung. Das Ende von Byzanz schien gekommen, die Venezianer übernahmen das Kommando in Konstantinopel und gründeten das sogenannte Lateinische Kaiserreich. Die alten byzantinischen Amtsträger begaben sich ins Exil und riefen in Trapezunt (im Osten des Südufers des Schwarzen Meeres), Nikaia (im Nordwesten Kleinasiens) und Epirus (im Südwesten

Konstantin VII. Porphyrogennetos (905–959 n. Chr.)

Byzantinischer Kaiser

Augustinus war der einflussreichste Theologe und Kirchenschriftsteller der Antike. Er stammte aus dem westlichen Nordafrika, einer der Hochburgen des frühen Christentums. In zahlreichen Schriften formulierte er Glaubenssätze und Lehrmeinungen,
die weit über die Antike hinaus Bestand hatten. In den *Confessiones*
(*Bekenntnisse*) legte er in Form einer Autobiografie seinen eigenen Weg zum Glauben dar. In *De Civitate Dei* (*Über den Gottesstaat*), verfasst 410 n. Chr. nach der Eroberung Roms durch
die Westgoten, verteidigte er die Christen gegen den
Vorwurf, sie trügen wegen der Abwendung von den
alten Göttern die Schuld an allen Kriegen und
Katastrophen, von denen Rom zu dieser
Zeit heimgesucht wurde.

der Balkanhalbinsel) eigenständige Reiche ins Leben. Das westliche Herrschaftsin-
termezzo in Byzanz dauerte bis 1261. Dann gelang es Michael VIII. aus der byzantinischen Kaiserdynastie der Palaiologen, die ungebetenen Gäste aus dem Westen zu
vertreiben und die alten Herrschaftsstrukturen wiederherzustellen.

Nur wenige Jahrzehnte später jedoch erschienen die Osmanen auf der Bühne der
großen Politik. Dabei handelte es sich um eine Dynastie, die aus dem zentralasiatischen Turkvolk der Ogusen stammte. Anfang des 14. Jahrhunderts eroberten sie die
wenigen den Byzantinern noch verbliebenen Herrschaftsgebiete in Kleinasien. 1326
errichteten die Osmanen in Bursa, im Westen der heutigen Türkei, ihre erste Hauptstadt. Daraufhin nahmen sie Europa ins Visier. 1368 wurde Edirne (im heutigen tür-
kisch-griechisch-bulgarischen Grenzgebiet), das antike Adrianopel, ihre erste Residenz außerhalb Asiens. Einen Höhepunkt der osmanischen Expansion stellte die am
29. Mai 1453 n. Chr. erfolgte Eroberung Konstantinopels unter Sultan Mehmed II.
dar. Er machte die Stadt zur Hauptstadt des Osmanischen Reiches. Letzter byzantinischer Kaiser war Konstantin XI. Er kam am Tag der Eroberung ums Leben – genau
1123 Jahre und 18 Tage nach der offiziellen Einweihung der Stadt als neuer Residenz
durch einen Kaiser, der ebenfalls den Namen Konstantin getragen hatte.

Die Eroberung bereitete dem Reich von Byzanz ein definitives Ende. Doch es hat
Spuren hinterlassen. Byzantinische Kunst und Wissenschaft haben nachhaltig die

Kulturgeschichte geprägt. Zeugnisse der byzantinischen Kultur findet man überall dort, wo Byzanz einst Einfluss ausübte – sei es in Italien, auf Sizilien, den Inseln des Mittelmeeres, in Kleinasien, dem Vorderen Orient oder in Nordafrika. Byzanz selbst entwickelte sich zum Vorbild – politisch, religiös, kulturell. Ideeller Nachfolger wurde das russische Reich, dessen Herrscher sich, in Anlehnung an die römischen Caesaren, »Zaren« nannten. Ihre Hauptstadt Moskau betrachteten sie als »Drittes Rom« nach dem ersten Rom am Tiber und dem zweiten Rom am Bosporus. Osteuropa nahm durch den Einfluss von Byzanz eine andere Entwicklung als Mitteleuropa und Westeuropa. Dort ist die byzantinische Vergangenheit in Kultur und Religion noch heute greifbar.

Im Jahr 1453 gelingt es dem osmanischen Sultan Mehmed II., Konstantinopel zu erobern. Nachkolorierter Kupferstich von Matthäus Merian dem Älteren, 1630

3000–700 v. Chr.

- 3000 v. Chr.: Entstehung der ersten Hochkulturen in Ägypten und Mesopotamien
- 2000 v. Chr.: Beginn der minoischen Kultur auf Kreta mit dem Palast von Knossos
- nach 1750 v. Chr.: Publikation des Codex Hammurapi in Babylonien
- um 1620 v. Chr.: Verheerender Vulkanausbruch auf der Insel Thera (heute Santorin)
- 1600–1200 v. Chr.: Blütezeit der Hethiter in Anatolien
- 1473–1458 v. Chr.: Herrschaft der Pharaonin Hatschepsut in Ägypten
- 1450 v. Chr.: Zerstörung der Paläste auf Kreta
- 1400–1150 v. Chr.: Blütezeit der Mykener auf der Peloponnes
- 1353–1336 v. Chr.: Herrschaft des Pharaos Echnaton in Ägypten. Er führt den monotheistischen Aton-Kult ein
- 1332–1322 v. Chr.: Herrschaft des Pharaos Tutanchamun in Ägypten
- um 1170 v. Chr.: Beutezüge der Mykener im östlichen Mittelmeer (»Trojanischer Krieg«)
- um 1150 v. Chr.: Ende der mykenischen Vorherrschaft im östlichen Mittelmeerraum
- um 1100 v. Chr.: »Dark Ages« und »Dorische Wanderung«
- 1000 v. Chr.: Handelsexpeditionen der Phönizier im östlichen und westlichen Mittelmeerraum
- 814 v. Chr.: Phönizier aus Tyros gründen in Nordafrika die Stadt Karthago
- um 800 v. Chr.: Die Griechen übernehmen die phönizische Buchstabenschrift
- 776 v. Chr.: Erste bekannte Siegerliste von den Olympischen Spielen
- 753 v. Chr.: Traditionelles Gründungsdatum der Stadt Rom (21. April)
- 750 v. Chr.: Beginn der Großen Griechischen Kolonisation im westlichen Mittelmeerraum
- um 720 v. Chr.: Entstehung der Epen Homers (*Ilias, Odyssee*)

700–400 v. Chr.

- 700 v. Chr.: Die Etrusker werden Vormacht in Nord- und Mittelitalien
- 621 v. Chr.: Gesetzgebung Drakons in Athen
- 605–562 v. Chr.: Herrschaft des Königs Nebukadnezar II. im Neubabylonischen Reich
- 594 v. Chr.: Reformen Solons in Athen
- 587 v. Chr.: Nebukadnezar II. erobert Jerusalem und deportiert die jüdische Oberschicht nach Babylon
- 561–527 v. Chr.: Tyrannis des Peisistratos in Athen
- 546 v. Chr.: Der persische Großkönig Kyros II. erobert das Lydische Reich des Königs Kroisos (»Krösus«)
- 539 v. Chr.: Kyros II. unterwirft das Neubabylonische Reich. Ende des babylonischen Exils der Juden
- 522–486 v. Chr.: Herrschaft des persischen Großkönigs Dareios I.
- 509 v. Chr.: Ende der Königsherrschaft in Rom (Tarquinius Superbus) und Beginn der Republik (Iunius Brutus)
- 508 v. Chr.: Vollendung der Demokratie in Athen durch Kleisthenes. Einführung des Scherbengerichts (Ostrakismos)
- 500 v. Chr.: Ionischer Aufstand und Beginn der Perserkriege
- 494 v. Chr.: Beginn der Ständekämpfe in Rom: Patrizier gegen Plebejer
- 490 v. Chr.: Schlacht von Marathon. Sieg Athens gegen die Perser unter Führung des Miltiades
- 480 v. Chr.: Seeschlacht bei Salamis. Die athenische Flotte besiegt die Perser
- 479 v. Chr.: Die Schlacht von Plataiai besiegelt die Niederlage der Perser
- 478 v. Chr.: Gründung des Ersten Attischen Seebundes unter Führung Athens
- 461–429 v. Chr.: Perikles führender Staatsmann in Athen
- 431–404 v. Chr.: Peloponnesischer Krieg zwischen Athen und Sparta
- 413 v. Chr.: Sizilienexpedition der Athener endet mit einer schweren Niederlage der Athener bei der Belagerung von Syrakus
- 400–394 v. Chr.: Krieg zwischen Sparta und Persien in Kleinasien

400–150 v. Chr.

- 399 v. Chr.: Sokrates wird in Athen zum Tode verurteilt
- 387 v. Chr.: Kelten plündern Rom
- 371 v. Chr.: Die Thebaner unter Epaminondas besiegen bei Leuktra die Spartaner
- 362 v. Chr.: Ende der thebanischen Hegemonie in Griechenland
- 359–336 v. Chr.: Philipp II. König von Makedonien
- 340–338 v. Chr.: Rom wird nach Kriegen gegen die Latiner Vormacht in Latium
- 336 v. Chr.: Nach Philipps Tod wird Alexander der Große König von Makedonien
- 334–324 v. Chr.: Alexander der Große erobert Asien bis zum Indus
- 333 v. Chr.: Schlacht von Issos zwischen den Truppen Alexanders des Großen und denen des persischen Königs Dareios III.
- 331 v. Chr.: Gründung der Stadt Alexandria in Ägypten durch Alexander den Großen
- 328–304 v. Chr.: Rom besiegt die Samniten
- 323 v. Chr.: Alexander der Große stirbt in Babylon
- 323–281 v. Chr.: Diadochenkriege um die Nachfolge Alexanders
- 287 v. Chr.: In Rom enden die Ständekämpfe zwischen Patriziern und Plebejern
- 281 v. Chr.: Ausbildung der hellenistischen Staatenwelt mit drei Großreichen
- 280–275 v. Chr.: Kriege Roms gegen Pyrrhos (»Pyrrhus-Siege«)
- 264–241 v. Chr.: Erster Punischer Krieg: Sieg Roms gegen Karthago
- 221 v. Chr.: Hannibal übernimmt bei den Karthagern das Amt des Strategen
- 218–201 v. Chr.: Zweiter Punischer Krieg: Rom gegen Hannibal
- 216 v. Chr.: Hannibal besiegt die Römer in der Schlacht von Cannae
- 200–197 v. Chr.: Rom besiegt den makedonischen König Philipp V.
- 188 v. Chr.: Rom besiegt die Seleukiden in der Schlacht von Apameia
- 168 v. Chr.: Schlacht von Pydna: Griechenland wird römische Provinz

150 v. Chr.–20 n. Chr.

- 146 v. Chr.: Ende des Dritten Punischen Krieges und Zerstörung von Karthago durch die Römer
- 133 v. Chr.: Attalos III. von Pergamon vermacht den Römern sein Reich per Testament
- 133 v. Chr.: Tiberius Gracchus Volkstribun: Beginn der Krise der späten Republik in Rom
- 113–101 v. Chr.: Kämpfe der Römer gegen Kimbern und Teutonen. Heeresreform des Marius
- 88–64 v. Chr.: Kriege Roms gegen König Mithradates VI. von Pontos
- 81–79 v. Chr.: Diktatur Sullas
- 73–71 v. Chr.: Spartacus-Aufstand in Italien
- 63 v. Chr.: Syrien wird römische Provinz. Konsulat Ciceros
- 60 v. Chr.: Erstes Triumvirat: Caesar, Pompeius, Crassus
- 58–51 v. Chr.: Caesar erobert Gallien
- 49 v. Chr.: Caesar überschreitet den Rubico: Beginn des Bürgerkrieges in Rom
- 48 v. Chr.: Caesar besiegt Pompeius in der Schlacht von Pharsalos
- 48/47 v. Chr.: Caesar in Ägypten. Liaison mit Königin Kleopatra
- 46 v. Chr.: Caesar Alleinherrscher in Rom
- 44 v. Chr.: Attentat auf Caesar an den Iden des März (15. März)
- 44–30 v. Chr.: Erneute Bürgerkriege in Rom (Octavian gegen Marcus Antonius)
- 43 v. Chr.: Zweites Triumvirat: Octavian, Marcus Antonius, Lepidus. Tod Ciceros
- 31 v. Chr.: Schlacht bei Actium: Sieg Octavians über Kleopatra und Marcus Antonius
- 30 v. Chr.: Selbstmord Kleopatras. Ägypten wird Teil des Römischen Reiches
- 27 v. Chr.: Beginn der römischen Kaiserzeit (Prinzipat). Augustus wird erster römischer Kaiser
- 16 v. Chr.: Unterwerfung der Alpenvölker
- 9 n. Chr.: Niederlage der Römer gegen die Germanen in der »Schlacht im Teutoburger Wald«
- 14: Tod des Augustus (19. August). Nachfolger wird sein Stiefsohn Tiberius
- 14–16: Feldzüge des Germanicus in Germanien

20–215 n. Chr.

- 37–41: Herrschaft des Kaisers Caligula
- 41–54: Herrschaft des Kaisers Claudius
- 43: Britannien wird römische Provinz
- 54–68: Herrschaft des Kaisers Nero
- 64: Brand von Rom und erste Christenverfolgungen
- 66–70: Der Aufstand der Juden (»Jüdischer Krieg«) endet mit der Zerstörung Jerusalems durch die Römer
- 69: Vierkaiserjahr: Galba, Otho, Vitellius, Vespasian
- 69–96: Kaiserdynastie der Flavier (Vespasian, Titus, Domitian)
- 79: Ausbruch des Vesuv (24. August). Zerstörung von Pompeji und Herculaneum
- 96–192: Zeit der Adoptivkaiser
- 98–117: Herrschaft des Kaisers Trajans
- 101–116: Kriege gegen die Daker und im Orient. Einrichtung der Provinzen Dacia, Arabia, Mesopotamia und Assyria
- 117–138: Herrschaft des Kaisers Hadrian. Aufgabe der Eroberungen im Orient
- 122–128: Errichtung des Hadrianswalls in Britannien
- 132–135: Jüdischer Aufstand unter Simon Bar Kochba. Sieg der Römer und Umwandlung Jerusalems in die römische Kolonie Aelia Capitolina
- 138–161: Herrschaft des Kaisers Antoninus Pius
- 161–180: Herrschaft des Kaisers Marcus Aurelius (Mark Aurel)
- 166–180: Krieg gegen Markomannen und Quaden an der unteren Donau
- 180–192: Herrschaft des Kaisers Commodus
- 193: Fünfkaiserjahr: P. Helvius Pertinax, M. Didius Iulianus, Pescennius Niger, Septimius Severus, Clodius Albinus regieren kurz nacheinander
- 193–211: Septimius Severus gründet die afrikanisch-syrische Dynastie der Severer
- 211: Doppelherrschaft der Söhne des Septimius Severus (Caracalla und Geta)
- 211: Caracalla lässt Geta im Dezember ermorden
- 211–217: Alleinherrschaft des Kaisers Caracalla
- 212: Römisches Bürgerrecht für alle Reichsbewohner (Constitutio Antoniniana)

215–305 n. Chr.

- 218–222: Herrschaft des Kaisers Elagabal
- 222–235: Kaiser Severus Alexander regiert als letzter Vertreter der Severer-Dynastie
- 224: Dynastie der Sassaniden übernimmt unter Führung des Großkönigs Schapur I. die Macht im Iran und wird zum großen Konkurrenten der Römer im Orient
- 235–284: Zeit der Reichskrise und der Soldatenkaiser im Römischen Reich
- 235–238: Maximinus Thrax regiert als erster Soldatenkaiser
- 238: Maximinus Thrax wird in Aquileia von seinen Soldaten ermordet
- 244–249: Unter Philippus Arabs feiert die Stadt Rom ihr 1000-jähriges Bestehen
- 249–251: Erste reichsweite, systematische Christenverfolgungen unter Kaiser Decius
- 253–260: Herrschaft des Kaisers Valerian (gemeinsam mit seinem Sohn Gallienus)
- 257/258: Valerian veranlasst reichsweite Christenverfolgungen
- 259: Einfälle von Franken in Gallien und Spanien
- 260: Valerian gerät in persische Gefangenschaft
- 260: Vorstöße von Franken und Alamannen am obergermanisch-rätischen Limes. Postumus gründet das »Gallische Sonderreich«
- 260–268: Alleinherrschaft des Kaisers Gallienus
- 267–272: Sonderreich von Palmyra unter Führung der Zenobia
- 268–270: Claudius II. Sieg über die Goten auf dem Balkan
- 270–275: Herrschaft des Kaisers Aurelian. Einführung des Kultes des Sol Invictus. Bau der Aurelianischen Mauer in Rom
- 274: Ende des Gallischen Sonderreiches
- 284–305: Herrschaft des Kaisers Diokletian. Einrichtung des Systems der Tetrarchie (Viererherrschaft). Aus dem Prinzipat wird das Dominat
- 301: Höchstpreisedikt Diokletians gegen die zunehmende Verteuerung von Waren und Dienstleistungen
- 303: Letzte große Christenverfolgung
- 305: Diokletian tritt von seinem Amt zurück. Beginn der zweiten Tetrarchie

305–400 n. Chr.

- 306: Konstantin der Große lässt sich nach dem Tod des Vaters von seinen Soldaten zum Kaiser proklamieren
- 311: Toleranzedikt des Galerius zugunsten der Christen
- 312: Konstantin besiegt seinen Rivalen Maxentius in der Schlacht an der Milvischen Brücke (28. Oktober). Kreuzesvision und Beginn der Förderung des Christentums
- 324: Konstantin besiegt seinen letzten Konkurrenten Licinius und wird Alleinherrscher
- 325: Erstes Ökumenisches Konzil der Christen in Nikaia (Nicäa). Verurteilung der arianischen Glaubensrichtung
- 330: Einweihung der neuen Hauptstadt Konstantinopel (11. Mai)
- 337: Tod Konstantins (22. Mai)
- 337–340: Dreikaiserherrschaft der Konstantinsöhne: Constantinus II. (auch Konstantin II., Westen), Constantius II. (Osten), Constans (Mitte)
- 341–348: Übertritt der Westgoten zum arianischen Christentum, Bibelübersetzung ins Gotische durch den Bischof Wulfila
- 360: Julian Apostata wird vom Heer zum Kaiser ausgerufen. Versuch der Wiederherstellung des alten heidnischen Glaubens
- 363: Kaiser Julian fällt im Kampf gegen die Perser in Ktesiphon
- 364: Doppelherrschaft Valentinian I. (Westen) und Valens (Osten)
- 375: Der Vorstoß der Hunnen führt zu umfangreichen Wanderungsbewegungen germanischer Gruppen Richtung Westen (»Völkerwanderung«)
- 375: Schlacht von Adrianopel (9. August): Sieg der Goten über die Römer und Tod des Kaisers Valens
- 379: Theodosius I. wird Kaiser des Ostens
- 381: Konzil von Konstantinopel
- 383–392: Herrschaft des Kaisers Valentinian II. im Westen. Die Macht liegt in den Händen germanischer Heermeister (Bauto, Arbogast)
- 394: Sieg Theodosius' I. über Eugenius und Arbogast führt zu seiner Alleinherrschaft
- 395: Tod Theodosius' I. (17. Januar). Testamentarische Teilung der Herrschaft unter seinen Söhnen Honorius (Westen) und Arcadius (Osten)

400–1500 n. Chr.

- 402: Ravenna wird Hauptstadt des Weströmischen Reiches
- 406: Sueben, Alanen und Vandalen überschreiten den Rhein
- 406–407: Ansiedlung der Burgunder am Niederrhein
- 408: Absetzung und Tod des Heermeisters Stilicho
- 410: Rom wird von den Westgoten unter Alarich erobert. Die Kaiserschwester Galla Placidia wird mit Athaulf, dem Nachfolger Alarichs, verheiratet
- 420: Unter Attila entsteht das Großreich der Hunnen
- 424–455: Herrschaft des Kaisers Valentinian III. (Sohn Galla Placidias und des Constantius) im Westen
- 429: Zug der Vandalen nach Nordafrika, Vandalenkrieg
- 439: Eroberung Karthagos durch Vandalen
- 451: Schlacht auf den Katalaunischen Feldern mit Sieg des Römers Aetius über den Hunnenkönig Attila
- 455: Kaiser Valentinian III. wird ermordet. Eroberung und Plünderung Roms durch die Vandalen unter König Geiserich
- 457–74: Herrschaft des Kaisers Leon I. im Osten
- 474–491: Herrschaft des Kaisers Zenon im Osten
- 475: Romulus Augustulus residiert in Ravenna als weströmischer Kaiser
- 476: Absetzung des Romulus Augustulus durch Odoaker. Ende des Weströmischen Reiches. Anerkennung Odoakers durch Zenon
- 493: Theoderich gründet in Italien das Reich der Ostgoten
- 526: Tod Theoderichs in Ravenna
- 527–565: Herrschaft des oströmischen Kaisers Justinian. Versuch der Wiederherstellung des alten Römerreiches
- 610–641: Herrschaft des byzantinischen Kaisers Herakleios
- 7. Jh.: Nach dem Tod Mohammeds (8. Juni 632 in Medina) Beginn der arabischen Eroberungen
- 913–954: Herrschaft des Kaisers Konstantin VII. Porphyrogennetos in Byzanz
- 1204–1261: Fränkisches Kaiserreich in Byzanz nach dem Vierten Kreuzzug
- 1453: Mit der Eroberung von Konstantinopel durch die Türken endet die Geschichte des Byzantinischen Reiches

LITERATUREMPFEHLUNGEN

Allgemeine, epochenübergreifende Darstellungen

- Mary Beard: SPQR. Die tausendjährige Geschichte Roms, Berlin 2016.
- Werner Dahlheim: Die Antike. Griechenland und Rom von den Anfängen bis zur Expansion des Islam, 6. Auflage, Paderborn 2002.
- Robin Lane Fox: Die klassische Welt. Eine Weltgeschichte von Homer bis Hadrian, Stuttgart 2013.
- Hans-Joachim Gehrke/Helmuth Schneider (Hg.): Geschichte der Antike. Ein Studienbuch, 4. Auflage, Stuttgart 2013.
- Josiah Ober: Das antike Griechenland. Eine neue Geschichte, Stuttgart 2016.
- Eckart Olshausen/Anne-Maria Wittke/Richard Szydlak (Hg.): Historischer Atlas der antiken Welt, Stuttgart 2007.
- Michael Sommer: Römische Geschichte. Von den Anfängen bis zum Untergang, Stuttgart 2016.

Weiterführende Literatur zu den einzelnen Kapiteln

Die Antike – Begriff, Zeit und Raum

- Manfred Clauss: Einführung in die Alte Geschichte, München 1993.
- Rosmarie Günther: Einführung in das Studium der Alten Geschichte, Paderborn 2001.
- Hartmut Leppin: Einführung in die Alte Geschichte, 2. Auflage, München 2015.
- Christian Mann: Antike. Einführung in die Altertumswissenschaften, Berlin 2008.
- Eckart Olshausen: Einführung in die historische Geographie der alten Welt, Darmstadt 1991.
- Holger Sonnabend (Hg.): Mensch und Landschaft in der Antike, Stuttgart/Weimar 1999.
- Eckhard Wirbelauer (Hg.): Antike (Oldenbourg Geschichte Lehrbuch), München 2007.

Außereuropäische Hochkulturen

- Jan Assmann: Das kulturelle Gedächtnis. Schrift, Erinnerung und politische Identität in frühen Hochkulturen, 7. Auflage, München 2013.
- Jürgen Bär: Frühe Hochkulturen an Euphrat und Tigris, Darmstadt 2009.
- Michael Jursa: Die Babylonier, 3. Auflage, München 2015.
- Jörg Klinger: Die Hethiter, 2. Auflage, München 2012.
- Glenn E. Markoe: Die Phönizier, Stuttgart 2003.
- Hermann A. Schlögl: Das alte Ägypten. Geschichte und Kultur von der Frühzeit bis Kleopatra, München 2006.
- Josef Wiesehöfer: Das antike Persien, 2. Auflage, Düsseldorf 2002.
- Toby Wilkinson: Aufstieg und Fall des alten Ägypten, München 2015.

Die Frühzeit der Griechen

- Angelos Chaniotis: Das antike Kreta, 2. Auflage, München 2014.
- Paul Faure: Kreta. Das Leben im Reich des Minos, Stuttgart 1983.
- Joachim Latacz: Troia und Homer, 5. Auflage, München/Berlin 2005.
- Robin Osborne: Greece in the Making, 1200–479 BC, London 1996.
- Louise Schofield: Mykene. Geschichte und Mythos, Darmstadt 2009.
- Anthony M. Snodgrass: The Dark Age of Greece, Edinburgh 2000.
- Barry Strauss: Der Trojanische Krieg. Mythos und Wahrheit, Stuttgart 2008.
- Karl-Wilhelm Welwei: Die griechische Frühzeit, München 2002.

Das archaische Griechenland

- John Boardman: Kolonien und Handel der Griechen. Vom späten 9. bis zum 6. Jahrhundert v. Chr., München 1981.
- Victor Ehrenberg: Der Staat der Griechen, 2. Auflage, Zürich 1965.
- Marion Giebel: Das Orakel von Delphi, Stuttgart 2001.
- Christian Meier: Die Entstehung des Politischen bei den Griechen, Frankfurt a. M. 1980.
- Raimund Schulz: Die Antike und das Meer, Darmstadt 2005.
- Ulrich Sinn: Das antike Olympia, 3. Auflage, München 2004.
- Elke Stein-Hölkeskamp: Das archaische Griechenland, München 2015.
- Lukas Thommen: Sparta. Verfassungs- und Sozialgeschichte einer griechischen Polis, Stuttgart 2003.
- Uwe Walter: An der Polis teilhaben. Bürgerstaat und Zugehörigkeit im archaischen Griechenland, Stuttgart 1993.

Das klassische Griechenland

- Jochen Bleicken: Die athenische Demokratie, Paderborn 1986.
- Robert Malcolm Errington: Geschichte Makedoniens, München 1986.
- Josef Fischer: Die Perserkriege, Darmstadt 2013.
- Jörg Fündling: Philipp II. von Makedonien, Darmstadt 2014.
- Linda-Marie Günther: Perikles, Tübingen 2010.
- Wolfgang Schadewaldt: Die griechische Tragödie, Frankfurt a. M. 1991.
- Lambert Schneider/Christoph Höcker: Die Akropolis von Athen, Darmstadt 2001.
- Raimund Schulz: Athen und Sparta, Darmstadt 2011.
- Holger Sonnabend: Thukydides, 2. Auflage, Hildesheim 2011.
- Karl-Wilhelm Welwei: Das klassische Athen, Darmstadt 1999.

Das Zeitalter des Hellenismus

- Manfred Clauss: Kleopatra, 4. Auflage, München 2010.
- Alexander Demandt: Alexander der Große. Leben und Legende, München 2009.
- Kay Ehling/Gregor Weber (Hg.): Hellenistische Königreiche, Darmstadt 2014.
- Erich S. Gruen: The Hellenistic World and the Coming of Rome, Berkeley 1984.
- Günther Hölbl: Geschichte des Ptolemäerreiches, Darmstadt 1994.
- Hans Kloft: Mysterienkulte der Antike, 4. Auflage, München 2010.
- Carl Schneider: Kulturgeschichte des Hellenismus, 2 Bände, München 1967.
- Peter Scholz: Der Hellenismus. Der Hof und die Welt, München 2015.

Das frühe Rom

- Luciana Aigner-Foresti: Die Etrusker und das frühe Rom, Darmstadt 2009.
- Andreas Alföldi: Das frühe Rom und die Latiner, Darmstadt 1977.
- Giovannangelo Camporeale: Die Etrusker. Geschichte und Kultur, Düsseldorf/Zürich 2003.
- Niklas Holzberg:Vergil. Der Dichter und sein Werk, München 2006.
- Theodoros Mavrogiannis: Aeneas und Euander. Mythische Vergangenheit und Politik in Rom vom 6. Jahrhundert v. Chr. bis zur Zeit des Augustus, Neapel 2003.

Die römische Republik

- Ernst Badian: Römischer Imperialismus, Stuttgart 1980.
- Ernst Baltrusch: Caesar und Pompeius, Darmstadt 2004.
- Pedro Barceló: Hannibal. Stratege und Staatsmann, Stuttgart 2004.
- Jochen Bleicken: Die Verfassung der römischen Republik, 7. Auflage, Paderborn 1995.
- Wolfgang Blösel: Die römische Republik, München 2015.
- Klaus Bringmann: Geschichte der römischen Republik von den Anfängen bis Augustus, München 2002.
- Luciano Canfora: Caesar. Der demokratische Diktator, München 2001.
- Karl Christ: Krise und Untergang der römischen Republik, 6. Auflage, Darmstadt 2008.
- Helmut Halfmann: Marcus Antonius, Darmstadt 2011.
- Karl-Joachim Hölkeskamp: Die Entstehung der Nobilität, 2. Auflage, Stuttgart 2011.
- Klaus Zimmermann: Rom und Karthago, Darmstadt 2005.

Die römische Kaiserzeit

- Jochen Bleicken: Verfassungs- und Sozialgeschichte des römischen Kaiserreiches, 2 Bände, 4. Auflage, Paderborn 1995.
- Karl Christ: Geschichte der römischen Kaiserzeit, 6. Auflage, München 2010.

- Manfred Clauss (Hg.): Die römischen Kaiser, 4. Auflage, München 2011.
- Werner Dahlheim: Augustus. Aufrührer, Herrscher, Heiland, München 2010.
- Elaine Fantham: Literarisches Leben im antiken Rom, Stuttgart 1998.
- Dieter Flach: Römische Geschichtsschreibung, Stuttgart 1998.
- Egon Flaig: Den Kaiser herausfordern. Die Usurpation im Römischen Reich, Frankfurt a. M. 1992.
- Albino Garzetti: From Tiberius to the Antonines, London 1974.
- Dietmar Kienast: Römische Kaisertabelle, 3. Auflage, Darmstadt 2004.
- Fergus Millar: The Emperor in the Roman World (31 BC–AD 337), 2. Auflage, London 1992.
- Stefan Pfeiffer: Die Zeit der Flavier, Darmstadt 2009.
- Michael Sommer: Die Soldatenkaiser, Darmstadt 2004.
- Holger Sonnabend: Nero. Inszenierung der Macht, Darmstadt 2016.
- Aloys Winterling: Caligula, München 2012.
- Paul Zanker: Augustus und die Macht der Bilder, 5. Auflage, München 2009.

Die Spätantike

- Henning Börm: Westrom. Von Honorius bis Justinian, Stuttgart 2013.
- Hartwin Brandt: Das Ende der Antike. Geschichte des spätrömischen Reiches, 4. Auflage, München 2010.
- Karl Christ (Hg.): Der Untergang des Römischen Reiches, Darmstadt 1970.
- Alexander Demandt: Geschichte der Spätantike, 2. Auflage, München 2007.
- Klaus M. Girardet: Der Kaiser und sein Gott. Das Christentum im Denken und in der Religionspolitik Konstantins des Großen, Berlin/New York 2010.
- Peter J. Heather: Der Untergang des Römischen Weltreichs, Stuttgart 2007.
- Wolfgang Kuhoff: Diokletian und die Epoche der Tetrarchie, Frankfurt a. M. 2001.
- Hartmut Leppin: Theodosius der Große, Darmstadt 2003.
- Mischa Meier/Steffen Patzold: August 410 – Ein Kampf um Rom, Stuttgart 2010.
- Walter Pohl: Die Völkerwanderung. Eroberung und Integration, Stuttgart 2005.
- Klaus Rosen: Konstantin der Große, Stuttgart 2013.

Byzanz

- Hans-Georg Beck: Das byzantinische Jahrtausend, 2. Auflage, München 1978.
- Paolo Cesaretti: Theodora. Herrscherin von Byzanz, Düsseldorf/Zürich 2004.
- John Haldon: Das Byzantinische Reich, Düsseldorf 2002.
- Hartmut Leppin: Justinian. Das christliche Experiment, Stuttgart 2011.
- Ralph-Johannes Lilie: Byzanz – Das zweite Rom, Berlin 2003.

Bildnachweis

fotolia/© sborisov: 2; akg-images/Erich Lessing: 6/7, 18, 23, 25, 28, 42 oben, 51, 84, 86, 87, 92, 101, 103, 104/105; akg-images/De Agostini Picture Lib.: 9, 14; akg-images/David Parker/Science Photo Library: 11; akg-images: 12, 30, 40, 43, 53, 63, 64, 66, 67, 81, 90, 111, 114, 119, 122, 125, 126, 130, 135, 140, 142, 144, 157, 160, 161, 166, 169; akg-images/De Agostini/W. Buss: 16; akg-images/Jürgen Sorges: 20; akg-images/De Agostini/A. Garozzo: 26; akg-images/Fototeca Gilardi: 32; fotolia/© picturist: 35; wikimedia commons/© A. Savin: 37; wikimedia commons/Olaf Tausch: 39; akg/Bible Land Pictures: 42 unten; akg-images/De Agostini Picture Lib./G. Dagli Orti: 45, 71, 99, 137; akg-images/Album/Oronoz: 48; fotolia/© ollirg: 54; akg-images/Nimatallah: 56, 58, 60, 61, 116, 153; akg/Bildarchiv Steffens: 69, 156; akg-images/Alain Le Toquin: 72/73; akg-images/Landesmuseum Württemberg/Hendrik Zwietasch: 74; akg-images/Peter Connolly: 76, 94/95, 117; akg-images/Album/Prisma: 78, 120; akg-images/Andrea Baguzzi: 82; akg-images/De Agostini Picture Lib./G. Nimatallah: 96/97; akg-images/Cameraphoto: 107; akg-images/Maurice Babey: 108; akg-images/Rabatti & Dominige: 113; akg/North Wind Picture Archives: 128; akg-images/Pictures From History: 133; Manuel Cohen/akg-images: 139; fotolia/© Sam Spiro: 146; fotolia/© Violetstar: 149; fotolia/© Gina Sanders: 151; fotolia/© milosk50: 152; fotolia/© neogon: 154; fotolia/© darezare: 165

Hintere Umschlagseite: wikimedia commons/© A. Savin; akg-images/Erich Lessing

Gedruckt auf chlorfrei gebleichtem, säurefreiem und alterungsbeständigem Papier

Bibliografische Information der Deutschen Nationalbibliothek
Die Deutsche Nationalbibliothek verzeichnet diese Publikation in der Deutschen Nationalbibliografie; detaillierte bibliografische Daten sind im Internet über http://dnb.d-nb.de abrufbar.

ISBN 978-3-476-04337-5

Ausgabe für J.B. Metzler, Stuttgart
J.B. Metzler ist Teil von Springer Nature
© 2017 Palmedia Publishing Services GmbH, Berlin

www.metzlerverlag.de
info@metzlerverlag.de

Einbandgestaltung: Finken & Bumiller, Stuttgart (Foto: shutterstock.com, javaman)
Gestaltung und Satz: Felgner & Zierke, Berlin
Druck und Bindung: Gorenjski Tisk, Kranj, Slowenien

Printed in Slovenia